¡A debate!

Prólogo

¡A debate! Estrategias para la interacción oral responde a la creciente demanda por parte de docentes de español como lengua extranjera que buscan un libro de texto de nivel avanzado para trabajar la expresión e interacción orales en el aula. La publicación consta de diez unidades temáticas y se compone de diferentes actividades comunicativas dirigidas a los niveles C1-C2 según el *Marco Común Europeo de Referencia para las Lenguas (MCER)*.

Algunas de las principales características que hacen que la publicación sea idónea para la práctica de la expresión e interacción orales son:

- **Una selección de entrevistas** a conocidos personajes del ámbito hispánico sobre temas de actualidad como eje central en su desarrollo que, como textos comunicativos, sirven de material de aprendizaje y de modelos auténticos en el uso de la lengua.

- **Una detallada muestra de estructuras comunicativas** con actividades prácticas sobre las funciones lingüísticas: expresar opinión, acuerdo o desacuerdo, mostrar indiferencia, valorar o cuestionar una información, expresar gustos, intereses o preferencias, etc., y que toma como referencia el *Plan Curricular del Instituto Cervantes (PCIC)*.

- **Una serie de estrategias comunicativas para la expresión oral a partir de diferentes géneros orales** como la exposición oral, el debate, la tertulia, la conversación, la conferencia, etc.

- **Una ampliación de la temática central de cada capítulo a otros países de habla hispana** que sirve de marco contextual para desarrollar contenidos relacionados desde el punto de vista lingüístico y cultural.

- **Un dosier de gramática con un enfoque eminentemente práctico** que amplía los temas seleccionados en el libro con actividades para afianzar la competencia gramatical del alumno.

Las distintas actividades están pensadas para potenciar en el estudiante la conversación, la exposición y la argumentación, macrofunciones que se trabajan sobre todo en el nivel avanzado, sin dejar de lado la práctica de la descripción y la narración, así como la comunicación no verbal.

A partir de nuestra experiencia docente y, como autores de materiales didácticos, estamos convencidos de que este libro dará respuesta a las necesidades tanto de los estudiantes como de los profesores de español como lengua extranjera de los niveles C1-C2.

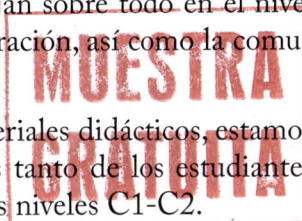

Los autores

Índice

CONTENIDOS					
Tema	**Lingüísticos**	**Culturales**	**Producción textual**	**Expresión e interacción orales**	**Dosier gramatical**
6 **¿Trabajar para vivir o vivir para trabajar?** Edurne Pasaban: «El amor es la cima que me falta».	Léxico del trabajo: • Profesiones poco comunes. • La derivación de adjetivos y sustantivos. • Sinónimos. • Expresiones idiomáticas. • Refranes sobre el trabajo.	• Decálogo del buen emprendedor. • Opiniones acerca de la situación laboral. • El pluriempleo. • Felicidad y trabajo en la sociedad española. • Profesionales del deporte en el mundo hispano.	Escribir una declaración sobre el mercado laboral desde el punto de vista del empleado y del trabajador.	**Conversación telefónica.** **Argumentación:** el pluriempleo. **Debate** • Profesiones para todos. **Recursos comunicativos y estrategias** Expresar (falta de) obligación y posibilidad. Expresar conocimiento. Expresar (falta de) certeza. Participar en una conversación telefónica.	• El subjuntivo: expresar obligación y necesidad. • Las perífrasis verbales para expresar obligación y comienzo de una acción. • Uso de las preposiciones.
7 **La literatura también está en la calle** José Ángel Mañas: «Soy un *punk literario*».	Léxico de la literatura: • La sinonimia en verbos, adjetivos y sustantivos. • Adjetivos para describir y su relación con los sentidos corporales. • Expresiones idiomáticas del mundo de la literatura.	• El mundo de la literatura española e hispana. • Opiniones sobre literatura y lectura. • Las tribus urbanas. • Literatura y culturas urbanas del mundo hispano.	Redactar un texto descriptivo sobre una tribu urbana.	**Argumentación:** las tribus urbanas. **Debate** • Tribus urbanas: ¿tipo de cultura o moda pasajera? **Recursos comunicativos y estrategias** Aceptar y rechazar una propuesta. Aconsejar. Mostrar indiferencia. Cuestionar una información.	• Los verbos de cambio. • Las oraciones de relativo. • Los verbos con preposición.
8 **Curarse en salud** Narda Lepes: «Quiero que la gente cocine fresco, barato y rico».	Léxico de la salud: • Expresiones idiomáticas relacionadas con la comida. • Adjetivos de la alimentación. • Colocaciones léxicas.	• El mundo de la salud. • El prospecto de un medicamento. • Opiniones sobre alimentación y salud. • Dietas conocidas. • Profesionales de la salud españoles e hispanos.	• Redactar una biografía. • Redactar un artículo divulgativo sobre las dietas.	**Presentación:** un plan para mejorar la salud. **Conferencia.** La belleza. **Debate** • Alimentos transgénicos: ¿saludables o no? **Recursos comunicativos y estrategias** Conectores del discurso. Mostrar desacuerdo profundo. Expresar que se recuerda.	• Usos de indicativo/subjuntivo: dar consejos. • Las oraciones temporales: expresar relaciones temporales entre acciones. • Valores del pronombre *se*.
9 **Tanto tienes, tanto vales** Mónica Hernández: «Sueño con ofrecer soluciones financieras prácticas a los sectores más necesitados de Ecuador».	Léxico del mundo empresarial: • Términos con doble significado. • Colocaciones léxicas. • Expresiones idiomáticas y refranes sobre el dinero. • Palabras con varios significados.	• Empresas del mundo hispano. • Imaginarium: un modelo de empresa del siglo XXI. • Opiniones sobre economía. • Economía doméstica: viviendas del pasado y del futuro. • Economistas del mundo hispano.	Presentar un informe sobre diferentes tipos de viviendas.	**Conferencia:** La jubilación: ¿un lujo o un derecho? **Debate** • La banca ética: una solución para reducir la especulación. **Recursos comunicativos y estrategias** Mostrar escepticismo. Expresar desconocimiento.	• Las preposiciones *por/para*. • Las oraciones causales y finales.
10 **El que ríe el último...** Ángel Martín: «Lo que más me gusta es salirme del guion».	• Sustantivos y verbos con varios significados. • Recursos humorísticos. • Expresiones idiomáticas que invitan al humor. • Chistes.	• Chistes *tan, tan, tan*. • Humor y publicidad. • Opiniones sobre el humor. • Humor en el mundo hispano.	Crear un eslogan publicitario humorístico.	**Contar un chiste.** **Debate** • Los límites del humor. **Recursos comunicativos y estrategias** Hacer y rechazar hipótesis. Mostrar escepticismo. Contraargumentar. Contar un chiste.	• Las oraciones consecutivas. • Las oraciones consecutivas y comparativas. • El estilo directo e indirecto. • Los tiempos del pasado.

Tema 1

Cuestiones previas

- ¿Crees que la sociedad se encuentra condicionada por la tecnología o viceversa?

- ¿Son las redes sociales un bien para la sociedad? ¿A qué necesidades consideras que responden?

- ¿Te parece que las redes sociales sirven como herramienta de análisis social que mide la «temperatura» de la sociedad?

- ¿Crees que Internet favorece que cualquier persona se convierta en potencial creadora de contenidos? Justifica tu respuesta.

Sumario

En portada
Biografía y entrevista al sociólogo Manuel Castells, que nos da su visión sobre la influencia de Internet en la cultura y en la organización social.

Más palabras
Ampliación y revisión del léxico relacionado con el tema.
Expresiones idiomáticas.

Destacado
Análisis actual del mundo de la protesta.

ESPECIAL MUNDO HISPANO
¿Hasta qué punto son útiles las revoluciones? Movimientos sociales y de protesta en diferentes países hispanos.

Cierre
Expresión e interacción orales
- Exposición. Argumentar y defender un movimiento de protesta.
- Debate. La globalización: una realidad tangible.

¿Qué significa *tener el mundo en tus manos*?

- ☐ **A.** Tener buena suerte con las cosas.
- ☐ **B.** Poseer el control y poder hacer lo que uno quiere.
- ☐ **C.** Ser capaz de influir en los demás.

El mundo en tus manos

"Internet no favorece el aislamiento. Las personas que más chatean son las más sociables".

"Los medios son la expresión de lo que piensa la sociedad".

"Internet amplifica la más vieja brecha social de la historia: el nivel de educación".

"El Estado y la familia tradicional ya no funcionan".

"Cuanto más autónoma es una persona, utiliza Internet con más frecuencia e intensidad".

"Las tecnologías distancian más la política de la ciudadanía".

La entrevista

🔘 **1. a.** Escucha la entrevista y marca si las siguientes afirmaciones son verdaderas o falsas.
1

1. Estudios recientes ponen de manifiesto que Internet contribuye a que la gente se aisle cada vez más.　**V F**

2. Si una persona tiene dificultad para relacionarse, Internet le ayudará, en gran medida, a solventarla.　**V F**

3. Internet ha conseguido dotar al individuo de mayor libertad y autonomía en el conjunto de la sociedad.　**V F**

4. Resulta imposible tanto vigilar como controlar Internet.　**V F**

5. Para hacer un uso correcto de la tecnología, hace falta primero una buena formación.　**V F**

6. Para Castells, las instituciones centrales ya no funcionan como lo hacían en el pasado.　**V F**

7. Existe una relación directa entre el uso de Internet y la autonomía personal.　**V F**

8. Según Castells, usar las nuevas tecnologías contribuye al acercamiento de los ciudadanos a la política.　**V F**

Manuel Castells

Con estos datos, reconstruye oralmente la biografía de Manuel Castells.

- Hellín (Albacete, España), 1942.
- Derecho y Económicas, Universidad de Barcelona, 1958.
- Exilio a París, dictadura española, 1962.
- Licenciatura, 1964, Universidad de París.
- Comienzo de la Revolución del Mayo francés, 1968.
- Expulsión de Francia y traslado a California, Universidad de Berkeley, 1968.
- Académico de las Tecnologías de la Información y la Comunicación (TIC) más citado del mundo.

Adaptado de varias fuentes

El poder tiene miedo de Internet

Manuel Castells analiza los cambios que Internet introduce en la cultura y la organización social.

Esta investigación muestra que Internet no favorece el aislamiento, sino que las personas que más chatean son las más sociables.

5 Sí. Importantes estudios arrojan ese mismo resultado. ¿Por qué la idea contraria se ha extendido con éxito? Porque resulta más interesante creer que Internet está lleno de terroris- 10 tas, de pornografía... Pensar que es un factor de alienación resulta más interesante que decir: «Internet es la extensión de su vida». Si usted es sociable, será más sociable; si no lo es, 15 Internet le ayudará poco, no mucho. Los medios son la expresión de lo que piensa la sociedad: la cuestión es por qué la sociedad piensa eso.

¿Por miedo a lo nuevo?

20 Exacto. Miedo de la vieja sociedad a la nueva, de los padres a sus hijos, de las personas que tienen el poder anclado en un mundo «antiguo», respecto de lo que se les viene en- 25 cima, que no entienden ni controlan y que perciben como un peligro, y en el fondo lo es. Porque Internet es un instrumento de libertad y de autonomía, cuando el poder siempre 30 ha estado basado en el control de las personas, mediante el control de información y comunicación. Pero esto se acaba. Porque Internet no se puede controlar. Y lo que primero 35 preguntan los gobiernos es: «¿Cómo podemos controlar Internet?». No se puede, vigilancia sí, pero control, no.

Si Internet es tan determinante de la vida social y económica, ¿su ac- 40 ceso puede ser el principal factor de exclusión?

No, el más importante seguirá siendo el acceso al trabajo y a la carre- ra profesional, y antes la educación, 45 porque, sin ella, la tecnología no sirve para nada. En España, la llamada *brecha digital* es por cuestión de edad. Entre los mayores de 55 años, solo el 9 % usa Internet, pero 50 entre los menores de 25 años, lo usa el 90 %.

¿Es, pues, una cuestión de tiempo?

Cuando mi generación desaparez- ca, no habrá brecha digital. Ahora 55 bien, en la sociedad de Internet, lo complicado no es saber navegar, sino saber dónde ir, dónde buscar lo que se quiere y qué hacer con ello. Y esto requiere educación. En realidad, In- 60 ternet amplifica la más vieja brecha social de la historia, que es el nivel de educación.

En esta sociedad globalizada, y en constante cambio, ¿puede aumentar 65 la sensación de inseguridad?

Hay una nueva sociedad que he in- tentado definir como *sociedad-red:* una sociedad en la que todo está ar- ticulado de forma transversal y hay 70 menos control de las instituciones tradicionales. Se extiende la idea de que las instituciones centrales, como el Estado y la familia tradicional, ya no funcionan. Entonces se nos mue- 75 ve todo el suelo a la vez. La gente piensa que sus gobiernos no la re- presentan y no son fiables, que el mercado les va bien a los que ganan y mal a los que pierden. Como la 80 mayoría pierde, hay una desconfian- za hacia lo que la lógica pura y dura del mercado le pueda proporcionar a la gente. Estamos globalizados; esto quiere decir que nuestro dine- 85 ro está en algún flujo global que no controlamos, que la población se ve sometida a unas presiones migrato- rias muy fuertes, de modo que cada vez es más difícil encerrar a la gente 90 en una cultura o en unas fronteras nacionales.

¿Qué papel desempeña Internet en este proceso?

Por un lado, al permitirnos acceder 95 a toda la información, aumenta la incertidumbre, pero al mismo tiem- po es un instrumento clave para la autonomía de las personas. Cuanto más autónoma es una persona, utili- 100 za Internet con más frecuencia e in- tensidad. Y esto refuerza a la vez su autonomía. Pero, claro, cuanto más controla una persona su vida, menos se fía de las instituciones. El proble- 105 ma es que el sistema político no está abierto a la participación, al diálogo constante con los ciudadanos, a la cultura de la autonomía y, por tan- to, estas tecnologías lo que hacen es 110 distanciar todavía más la política de la ciudadanía.

Adaptado de la entrevista de M. Pérez
para El País

Ahora tú

- ¿Qué significa la expresión *brecha social*?

- ¿Qué relación hay entre la autonomía de una persona y el uso de las nuevas tecnologías?

- ¿A qué se refiere el concepto de *socie- dad-red*? ¿Cómo se define?

- ¿Por qué crees que se apunta a que la sociedad le tiene miedo a Internet?

- ¿Estás de acuerdo con lo que dice Castells? ¿Se te ocurre algún ejemplo que muestre alguna de las ideas que se mencionan sobre el uso de Internet?

Más Palabras

1. En la entrevista aparece la expresión *pura y dura*. ¿Sabes qué significa? Lee las siguientes frases y deduce, según el contexto, el significado de las expresiones marcadas.

1. Como la mayoría pierde, hay una desconfianza hacia lo que la lógica *pura y dura* del mercado le pueda proporcionar a la gente.
   - **a.** como tal
   - **b.** incoherente

2. Fuimos a la manifestación, pero la gente estaba con miedo porque había policías *a diestro y siniestro*; era casi imposible desviarse del flujo de gente.
   - **a.** armados
   - **b.** por todas partes

3. Sinceramente, a mí, el nuevo gobierno, *ni fu ni fa*. Es como los anteriores, más recortes y menos beneficios sociales.
   - **a.** desconfío un poco
   - **b.** me es indiferente

4. Esta noche, cuando llegues, no te olvides de contarme el debate *con pelos y señales*. Me interesa saberlo todo para poder escribir mi artículo.
   - **a.** al detalle
   - **b.** por teléfono

5. La coalición entre los dos partidos ha logrado *a trancas y barrancas* sacar adelante la nueva ley porque todavía continúa la oposición en la calle.
   - **a.** con seguridad
   - **b.** con dificultad

6. Si no consiguen aprobar los presupuestos, tendrán que convocar elecciones *en un pis pas*, el país no puede funcionar así.
   - **a.** rápidamente
   - **b.** con consenso

7. Todavía no nos explicamos cómo, *de buenas a primeras*, el presidente de la cámara le ha tirado un zapato a una periodista… ¡Lo que hay que ver estos días!
   - **a.** de repente
   - **b.** con antelación

8. He leído el proyecto de ley *de arriba abajo* y no encuentro el apartado que, en tu opinión, podría ser controvertido. Lo volveré a leer por si acaso.
   - **a.** completamente
   - **b.** sin pausas

9. Hombre, *ni tanto ni tan calvo*, que los políticos tengan una semana de vacaciones al año no me parece la mejor medida para reactivar la economía, pero tampoco es justo que algunos tengan doce semanas.
   - **a.** ni una cosa ni otra
   - **b.** ni es así ni como lo cuentas

10. Lo que propone la oposición no tiene *ni pies ni revés*, quieren obligar a que todo el mundo vote y, si no, ponerles una multa.
    - **a.** no tiene importancia
    - **b.** no tiene sentido

bras más palabras más palabras más más palabras más palabras más palabrasmás palabras más palabras más palabr labras MÁS PALABRAS más palabras más palabras palabras más palabras MÁS PALABRAS más palabras más palabras más palabr labras más palabras más palabras más palabras más palabras más palabras más palabras más palabrasmás palabr palabras más palabras más palabrasmás más palabras más palabras más palabrasmás palabras más palabras más palabras bras más palabras más palabras palabras más palabras más palabras más palabras más palabras más palabrasmá

2.

a. Las siguientes expresiones se suelen utilizar para hablar de temas de índole social. Identifica cuál es la definición que corresponde a cada una de ellas.

1. Promulgar una ley ◯
2. Defender un derecho ◯
3. Recortar un privilegio ◯
4. Alcanzar un consenso ◯
5. Convocar una huelga ◯
6. Poner en marcha una medida ◯
7. Abordar una cuestión ◯
8. Cumplir una promesa ◯
9. Recurrir una decisión ◯
10. Apaciguar los ánimos ◯

a. Llegar a un acuerdo sobre un tema.

b. Llevar a cabo un compromiso adquirido previamente.

c. Emplazar a la interrupción temporal de la actividad laboral para reivindicar algo.

d. Analizar o discutir un tema generalmente desde un punto de vista concreto.

e. Reclamar una sentencia o un dictamen con el que no se está de acuerdo.

f. Publicar o decretar oficialmente una norma que ha sido aprobada por el Gobierno.

g. Suprimir un derecho del que disfruta un colectivo o una persona.

h. Tratar de calmar una situación tensa entre diferentes personas.

i. Apoyar una causa que un determinado colectivo social considera justa.

j. Implementar una decisión que se ha aprobado con respecto a un tema.

b. Busca o crea un ejemplo con una de las expresiones anteriores.

Promulgar una ley →En Venezuela se promulgó una ley que prohíbe la difusión de mensajes que alteren el orden público.

3. Completa la tabla con estos términos relacionados con temas jurídicos y sociales.

- transgredir • otorgar • prestar declaración • testificar • conceder • detener • promulgar
- prorrogar • derogar • poner en libertad • exculpar • indultar • acusar • infringir
- sentenciar • expirar

verbo	sinónimo	antónimo
inculpar		
		respetar
	arrestar	
terminar		
		denegar
	decretar	
condenar		
		falsear

Destacado!

1. a. Estas imágenes representan fenómenos actuales vinculados con el uso de las nuevas tecnologías. ¿Los conoces? ¿Qué puedes decir de ellos?

1. INDIGNADOS

TOMA LA CALLE '15.05.11
http://democraciarealya.es/
¡INDÍGNATE!

2. ANONYMOUS

ANONYMOUS
WE ARE LEGION

3. ADICCIÓN REDES SOCIALES

SOCIAL NETWORK
Go!

b. Lee estas frases y asocia cada una con uno de los fenómenos anteriores.

a. El movimiento español del 15M organizó muchas de sus protestas a través de las redes sociales. _____

b. Este fenómeno se da tanto entre jóvenes como entre profesionales en su puesto de trabajo, y preocupa a psicólogos y empresarios. _____

c. Este grupo ha llevado a cabo varios ataques a páginas web de instituciones de todo el mundo, defendiendo los derechos de los internautas. _____

d. Los militantes de este grupo acamparon en la Puerta del Sol, Madrid, bajo el lema «Democracia real ¡YA!». _____

e. Se trata de un grupo sin jerarquía y sin jefes, que usa Internet para comunicarse y organizar sus acciones. _____

f. Es un movimiento ciudadano, pacífico y apartidista que quiere una nueva ley electoral, una reforma fiscal y laboral, y una mejor gestión de la crisis económica por parte del Gobierno. _____

g. Muchos activistas han sido detenidos en todo el mundo, incluida España, y algunos de ellos son menores de edad. _____

h. Este fenómeno tiene un impacto negativo en las habilidades cognitivas y en la salud de los individuos, y representa además un riesgo para la seguridad de algunas personas. _____

i. Según los expertos, en 2009 su uso se disparó un 82 %, creando más individuos con tendencias antisociales y falta de valores tradicionales. _____

Ahora tú

¿Estás a favor o en contra de estos fenómenos?

- Si estás a favor, explica por qué crees que son positivos y qué aportan a la sociedad.
- Si estás en contra, explica qué harías para ponerles fin y cómo mejorarían las cosas sin ellos.

La protesta

2. En las siguientes declaraciones se hace referencia a algunos de los movimientos sociales anteriores. Complétalas con el término adecuado.

- partitocracia
- cargas policiales
- bipartidismo
- movimiento horizontal
- acordonamiento
- antidisturbios
- conciencia social

1. No estoy a favor de las ...., pero tampoco me parece bien que los manifestantes ocupen las calles y te impidan ir a trabajar. Yo también tengo mi vida y quiero que se respete mi libertad.

2. El .... que hay en este país es la fuente de muchos problemas: los partidos se pasan la pelota y no escuchan a los ciudadanos.

3. Estos indignados son unos manipuladores sin ...., utilizan Internet para hacernos creer lo que quieren o les viene bien.

4. Nos consideramos un .... , nadie es el jefe, la opinión de todos es importante.

5. Si tengo que elegir entre indignados y .... me quedo con los últimos. Alguien debe poner orden. La política no se hace en las calles, se hace votando.

6. Vivimos en una ...., una deformación de la democracia en la que lo único que hacen los partidos políticos es atacarse.

7. En la zona donde vivo, por culpa de las protestas, ahora hay un .... policial, no se puede pasar ni en coche.

3. Estas son algunas propuestas de los indignados. Ordénalas en función de su importancia según tu opinión y valora cada una.

A *Atención a los derechos básicos y fundamentales recogidos en la Constitución: derecho a una vivienda digna; sanidad pública, gratuita y universal; refuerzo de una educación pública y laica.*

B *Abolición de las leyes y medidas discriminatorias e injustas como la ley del Plan Bolonia y el Espacio Europeo de Educación Superior, la ley de Extranjería y la conocida como ley Sinde.*

C *Reforma fiscal favorable para las rentas más bajas, una reforma de los impuestos de patrimonio y sucesiones. Implantación de la tasa Tobin, que grava las transacciones financieras internacionales, y supresión de los paraísos fiscales.*

D *Rechazo y condena de la corrupción. Que sea obligatorio presentar unas listas electorales libres de imputados o condenados por corrupción.*

E *Reducción del gasto militar, cierre inmediato de las fábricas de armas y un mayor control de las fuerzas y cuerpos de seguridad del Estado.*

F *Reforma de la ley electoral que devuelva a la democracia su verdadero sentido: un gobierno de los ciudadanos. Una democracia participativa.*

Recursos Comunicativos

Valorar

- Es/Me parece de buen/mal/pésimo gusto que…
- Es importante/primordial que…
- Resulta sorprendente/impresionante…
- Me parece de perlas/de cine/de miedo/ de pena que…
- ¡Cómo + verbo + de bien/mal!
- Creo que/No creo que…
- (No) Considero imprescindible/necesario que…

Pedir valoración

- ¿Hasta qué punto/En qué medida discrepas con/compartes…?
- ¿Ves bien/con buenos ojos/correcto/ adecuado que…?
- ¿Te opones a/Apruebas…?
- ¿Das tu visto bueno a/aprobación a?
- ¿Te parece oportuno…?
- ¿Cómo calificarías tú…?

ESPECIAL

MOVIMIENTOS SOCIALES

1. Lee esta información y relaciónala con los movimientos de protesta de algunos países hispanos.

a. Abril de 2011. El poeta Javier Sicilia, cuyo hijo fue asesinado por personas vinculadas a la delincuencia organizada, llamó a sus compatriotas a manifestarse en contra de la violencia. ☐

b. Es una asociación formada con el fin de esclarecer lo ocurrido a los desaparecidos durante la dictadura y establecer quiénes fueron los responsables de los crímenes contra la humanidad. ☐

c. Durante el 2006 empezaron unas manifestaciones de estudiantes de secundaria en contra de la ley Orgánica Constitucional de Enseñanza. ☐

d. Una organización política y militar, de ideología nacionalista, antiimperialista y democrática, creada en 1953, que atacó los cuarteles del ejército con el fin de derrocar al dictador Batista. ☐

e. Es el nombre popular de una serie de protestas que tuvieron lugar en Cochabamba, entre enero y abril de 2000. Su detonante fue la privatización del abastecimiento del agua municipal. ☐

Argentina

1.

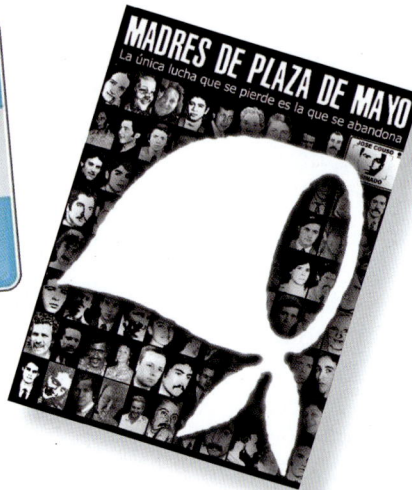

Madres de Plaza de Mayo

MADRES DE PLAZA DE MAYO
La única lucha que se pierde es la que se abandona

MADRES DE PLAZA DE MAYO

Cuba

2.

El movimiento 26 de julio

M-26-7

Y DE PROTESTA

Chile *La revolución de los pingüinos*

3.

Bolivia *La guerra del agua*

4.

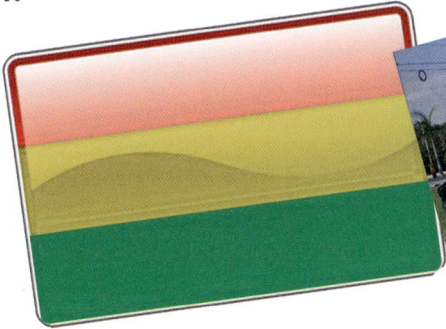

México *Movimiento por la Paz con Justicia y Dignidad (MPJD)*

5.

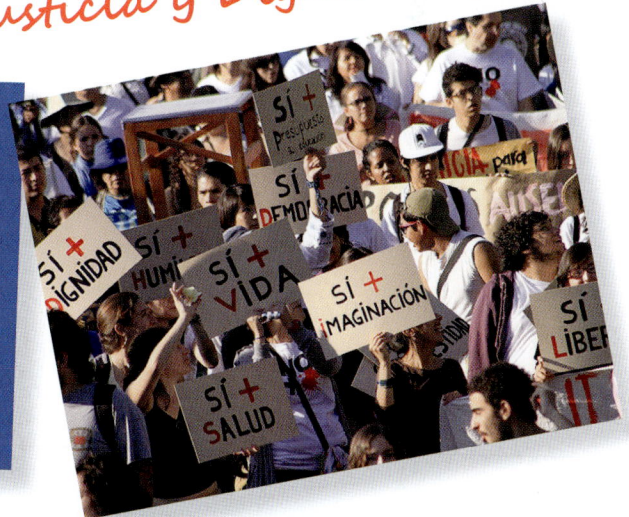

Ahora tú

- En tu país, ¿hay o ha habido algún movimiento de protesta? ¿Cuáles eran sus objetivos?
- Si hubieras podido formar parte de uno de los movimientos anteriores, ¿cuál habría sido? Justifica tu respuesta.
- ¿Crees que este tipo de movimientos sirven de algo? ¿Piensas que hay mejores formas de luchar por una causa?

Expresión e interacción

Argumentación

1. Estas intervenciones se han extraído de un debate político. Clasifícalas según los tipos de argumentos a los que recurren.

1. Democracia real ¡YA!

2. La verdad es que muchos padres de familia han perdido su trabajo...

3. Dime con quién andas y te diré quién eres.

4. ¡Para nosotros eres más que un voto!

5. Siempre he sido un niño soñador y todos coincidirán conmigo en que...

6. Tras la tempestad, viene la calma.

7. En casa del herrero, cuchillo de palo.

8. ¡Otro país es posible!

ARGUMENTOS AFECTIVOS Apelan a los sentimientos.	
ARGUMENTOS-ESLOGAN Utilizan lemas o palabras repetidas.	
ARGUMENTOS TRADICIONALES Se apoyan en proverbios o refranes.	

9. Mi abuelo creía sinceramente que este país merece algo mejor que...

10. Queremos que nuestros hijos puedan sentirse orgullosos de...

2. a. Muchos proverbios y refranes también se utilizan para argumentar. Completa los siguientes relacionando las columnas.

1. A falta de pan...
2. A mal tiempo...
3. A palabras necias...
4. Bajo la miel...
5. Más vale pájaro en mano...
6. Hoy por ti...
7. Más vale maña...
8. Tirar la piedra...
9. Donde las dan...
10. Es peor el remedio...

a. oídos sordos.
b. buenas son tortas.
c. que fuerza.
d. y esconder la mano.
e. que la enfermedad.
f. las toman.
g. buena cara.
h. está la hiel.
i. que ciento volando.
j. mañana por mí.

b. ¿Conocías estos refranes? Explica qué significan. ¿Cuál te parece más acertado y por qué?

orales

3. Formas parte de un movimiento que desea mejorar un aspecto concreto de la sociedad actual.

a. Redacta un **texto expositivo** argumentando y defendiendo tus razones. Ten en cuenta los siguientes puntos:

- ¿Cuál sería vuestro próximo objetivo?
- ¿Cómo convencerías a la gente para que se uniera a vosotros?
- ¿Cómo organizarías una manifestación?
- ¿Cuál sería el posible éxito de la protesta y apoyo popular en tu reivindicación?

b. Expón tu texto en clase.

Recursos Comunicativos

Argumentar de manera objetiva

- Lo cual demuestra que...
- La prueba más evidente/palpable de que... es (que)...
- Nadie puede negar que...
- Se puede sostener/afirmar que...
- Es evidente que se trata de...
- Lo cual (no) quiere decir que...

de manera subjetiva

- A mi entender...
- Estarás de acuerdo conmigo en que...
- Todos coincidirán conmigo en que...
- A estos efectos, consideramos que...
- El problema, desde mi punto de vista, es (que)...

Estrategias de expresión oral
Debate

- Haz intervenciones breves y claras.
- Aporta datos concretos para tener mayor credibilidad.
- No te desvíes del tema.
- Utiliza refranes o argumentos afectivos para ganar el apoyo de los demás.
- Apunta las ideas que se te ocurran.
- Anota las ideas principales de otras intervenciones para hacer alusión a ellas o comentarlas.
- Pide la palabra al moderador y respeta el turno de palabra.

¡A debate!

Pensad sobre las siguientes cuestiones y debatidlas en clase.

La globalización: una realidad tangible

- Cómo nos ha afectado y nos afectará la globalización.
- Responsabilidad de los países desarrollados respecto a los que están en vías de desarrollo.
- Solidaridad entre países, ¿funciona?
- Retos sociales en el siglo XXI.

Durante tu intervención deberás:

- Pedir y dar tu opinion.

Recursos Comunicativos

Pedir y dar opinión

- ¿Qué opinas de...?
- ¿Dirías que...?
- ¿Qué te parece...?
- ¿Cuál es tu postura respecto a...?
- ¿Qué crees/consideras que...?
- A mi entender/juicio/parecer...
- Me parece que...
- Me da la sensación/impresión de que...
- Soy de la opinión de que...
- Entiendo/creo/considero que...
- Desde mi punto de vista...

Tema 2

Sumario

En portada

Biografía y entrevista al actor Eduardo Noriega, quien reflexiona sobre su doble papel en una de sus películas.

Más palabras

Ampliación y revisión del léxico relacionado con el tema.

Expresiones idiomáticas.

Destacado

Sinopsis y análisis de los componentes de un filme.

ESPECIAL MUNDO HISPANO

Sinopsis de destacadas películas hispanoamericanas y sus directores.

Cierre

Expresión e interacción orales
- Narrar y describir una escena de cine.
- Tertulia. Todo el mundo puede ser actor.
- Debate. Cine y televisión: ¿medios de comunicación enfrentados?

Tener un día de cine es tener un día:

- **A.** Muy complicado.
- **B.** En el que todo ha salido bien.
- **C.** En el que te has encontrado a un actor famoso.

Un día de cine

"El trabajo del actor es jugar a ser otro, partiendo del propio interior".

"Ser actor es maravilloso porque te brinda la oportunidad de investigar sobre el ser humano".

"Cuando un director de *casting* busca una cara, está valorando si ese rostro puede ser atractivo en un contexto concreto".

"La sociedad se muestra solo pendiente del cascarón y cada vez se valora menos la capacidad intelectual".

Eduardo Noriega

Completa la biografía del actor español con estos términos.

- el conservatorio • panorama • papel • cortometrajes
- candidatura • la interpretación • el cine • la piel
- el protagonista • la música • Arte Dramático • largometraje

Noriega es el pequeño de siete hermanos y el único que se ha dedicado a (1) _____. Su primera vocación fue (2) _____ y por ello estudió solfeo, armonía, coral y piano en (3) _____ de Santander, su ciudad natal. Al cabo de los años quiso ampliar horizontes y se fue a Madrid a estudiar (4) _____. Sus primeras incursiones en (5) _____ fueron en varios (6) _____ con directores, entonces noveles, como Alejandro Amenábar, con quien más adelante realizaría dos películas. Su primer (7) _____ fue *Historias del Kronen* (1994) y tardó relativamente poco en ganarse un nombre dentro del (8) _____ cinematográfico español, como por ejemplo después de participar en la película *Tesis* (1996), pero sobre todo a partir de su primer (9) _____ protagonista en *Abre los ojos* (1997), por el que obtuvo su primera (10) _____ al Goya a la Mejor Interpretación Masculina. Más tarde, fue asimismo nominado al Goya por la película *El Lobo* (2005) donde él es (11) _____ principal. En *Plata quemada* (2000), del director Marcelo Piñeyro, se puso en (12) _____ de un ladrón que huía de la policía junto al actor argentino Leonardo Sbaraglia.

Adaptado de varias fuentes

La entrevista

🔘 **1.** Escucha la entrevista con E. Noriega y marca si estas afirmaciones son verdaderas o falsas.

1. Eduardo Noriega empieza a ser conocido fuera de España.   V   F

2. Para él es importante no tener prejuicios a la hora de poder interpretar a cualquier personaje.   V   F

3. Cuando le ofrecieron la interpretación doble en *Canciones de amor en Lolita's Club*, sintió pánico.   V   F

4. Para encarnar el papel de Valentín, estuvo trabajando codo con codo con discapacitados durante varios años.   V   F

5. Trabajó junto con un profesor de pintura para mejorar sus dotes artísticas.   V   F

6. Le gustó el hecho de que el público reconociera al mismo actor detrás de los dos personajes principales de la película.   V   F

7. Según él, los productores en general buscan a gente atractiva físicamente y también a actores que destaquen por su preparación.   V   F

8. Noriega opina que la televisión es una fuente imprescindible de conocimiento intelectual.   V   F

2. Lee la entrevista y comprueba tus respuestas marcando el párrafo que las justifica.

Eduardo Noriega: mucho más que un chico mono

El actor santanderino disfruta de un importante reconocimiento en nuestro país y comienza a pisar fuerte en el extranjero. Adiestrado en el arte de la mirada intensa, nadie discutiría ya que es mucho más que un chico mono.

¿Cómo es tu vivencia más íntima de la interpretación?

Ser actor es jugar a ser otro, partiendo del propio interior. Es mirarte al espejo para descubrir el monstruo que hay en ti y el ángel que llevas dentro, y acomodar ambas facetas a las características del papel.

¿Cuál es la distancia prudencial respecto al personaje?

Siempre intento entender el papel del otro, sin juicios. Por ejemplo, para ser capaz de interpretar a un asesino, no puedo juzgarle. Por el contrario, me veo en la obligación de investigar las razones que conducen a una persona al asesinato, explorar por qué yo mismo sería capaz de matar a alguien... En definitiva, el trabajo de un actor es maravilloso porque te brinda la oportunidad de investigar sobre el ser humano.

¿Cuál ha sido el papel más difícil que has interpretado?

El doble personaje de mi película *Canciones de amor en Lolita´s Club*. Recibí una llamada del director Vicente Aranda, y tras una primera charla sobre el proyecto, me llevé el guion bajo el brazo a casa. A las dos horas, llamé por teléfono a Vicente y le confesé que tenía mucho miedo. Pero le dije que si él se tiraba yo también me lanzaba a la piscina. Él me contestó que no solo me iba a ayudar y a lanzarse conmigo, sino que además me iba a llenar la piscina para que todo saliera perfecto.

¿Cuáles fueron las dificultades dentro de la dificultad?

El personaje de Raúl es el de un tipo incapaz de identificarse con nadie, recibir amor o expresar sentimientos, y por eso su única respuesta es la agresividad. Por mi lejanía a todo eso, me resultó más fácil encarnar a Valentín, su ingenuidad y vulnerabilidad. Para ello, trabajé durante meses junto a discapacitados mentales, con la intención de aprender de su esfuerzo diario... su capacidad de lucha es verdaderamente asombrosa.

¿Cómo afrontaste el reto?

Si introducirte en la piel de un personaje es ya un reto, hacerlo en la de dos significa un doble salto mortal. Construí a Raúl y a Valentín de forma independiente. Me planteé que eran dos personas de almas y energías distintas, y con un profesor, trabajé el cuerpo y la voz para poder acercarme a los dos colores de la paleta. Lo cierto es que hay quien tarda en percibir que el mismo actor está detrás de los dos hermanos Fuentes, y eso para mí es un piropo.

¿Te seduce ser el malo de la película?

Sí, me gusta. No porque sea más fácil sino porque es más divertido, es más jugoso. El villano tiene una complicidad especial con el público, porque es paradójicamente lo que nadie puede ser, pero quien todos queremos jugar a ser, y esto produce una relación de atracción con lo prohibido.

¿Abre o cierra puertas el ser un chico guapo?

El físico es determinante en este trabajo y, por supuesto, abre puertas. Cuando un director de *casting* busca una cara, está valorando si ese rostro puede ser atractivo en un contexto concreto. En general, la sociedad se muestra solo pendiente del cascarón y cada vez se valora menos la capacidad intelectual. Nos quedamos en la superficie, y hay medios de comunicación como la televisión que fomentan esta tendencia y subrayan constantemente lo anecdótico como lo esencial.

Adaptado de la entrevista de Maica Rivera

3. Explica el significado de estas expresiones.

- ser un chico mono • pisar fuerte
- descubrir el monstruo que hay en uno y el ángel que se lleva dentro • lanzarse a la piscina • abrir puertas • mostrarse pendiente del cascarón

Ahora tú

- ¿Qué tipo de cine prefieres o sueles ver? ¿Cuál no te gusta? ¿Por qué?
- ¿Existe, en tu opinión, alguna diferencia entre ver una película en una sala de cine o en casa?
- ¿Cómo decides qué película vas a ir a ver?
- ¿Crees que el cine sirve de escaparate de la realidad de un país?

1. Observa el uso de las siguientes expresiones y escribe una explicación como en el ejemplo.

Ejemplo: «El actor santanderino disfruta de un importante reconocimiento en nuestro país y *comienza a pisar fuerte* en el extranjero».
Explicación: Su trabajo tiene cada vez más presencia internacional.

1. «El trabajo de actor es *jugar a ser otro, partiendo del propio interior*».

2. «Además, si *introducirte en la piel de un personaje* es ya *un reto,* hacerlo en la de dos significa un *doble salto mortal*».

3. «Me planteé que eran dos personas de almas y energías distintas, y con un profesor, trabajé el cuerpo y la voz para poder acercarme a *los dos colores de la paleta*».

4. «En la proyección de *Canciones de amor en Lolita´s Club,* hay quien tarda en percibir que el mismo actor está detrás de los dos hermanos Fuentes, y eso para mí *es un piropo*».

Ahora tú

- ¿Te han brindado alguna vez la oportunidad de interpretar algún papel? Si es así, ¿eras el héroe o el villano?

- ¿Te gustaría rodar alguna película o cortometraje? Justifica tu respuesta.

- ¿Crees que si un actor tiene un rostro determinado puede encarnar a personajes más complejos?

- ¿Tiene más repercusión profesional que un actor sea guapo o atractivo, o crees que sobre todo importa su talento?

- ¿Cuál piensas que es el principal reto para un actor?

2. Relaciona las columnas y encuentra el sinónimo adecuado para estas palabras.

sustantivos

1. el papel	**a.** la personalidad
2. la vivencia	**b.** la labor
3. el carácter	**c.** la trascendencia
4. el reto	**d.** la ilusión
5. la tarea	**e.** el cumplido
6. el piropo	**f.** la experiencia
7. la repercusión	**g.** la habilidad
8. la ensoñación	**h.** el desafío
9. el rostro	**i.** el rol
10. la capacidad	**j.** la cara

adjetivos

1. villano	**a.** sencillo
2. asombroso	**b.** ineludible
3. diario	**c.** decisivo
4. complejo	**d.** preciso
5. diferente	**e.** bellaco
6. inevitable	**f.** profesional
7. fácil	**g.** sorprendente
8. determinante	**h.** complicado
9. determinado	**i.** cotidiano
10. laboral	**j.** distinto

verbos

1. interpretar	**a.** manifestar
2. trabajar	**b.** domar
3. expresar	**c.** encarnar
4. desestimar	**d.** promover
5. valorar	**e.** detestar
6. rodar	**f.** filmar
7. brindar	**g.** ejercer
8. fomentar	**h.** rechazar
9. odiar	**i.** apreciar
10. adiestrar	**j.** proporcionar

más palabras más palabras más palabras más más palabras más palabras más palabras más palabras más palabras más palabras más palabra MÁS PALABRAS más palabras más palabras palabras más palabras MÁS PALABRAS más palabras más palabras más palabras más palabras palabras más palabras palabras más palabras más palabras más palabras más palabras más palabras más palabras más palabras más palabras más palabras más palabras más palabras más palabras más palabras más

3. a. Aquí tienes diferentes locuciones de modo que llevan la preposición *de*. Clasifícalas según su función comunicativa.

• de cine • de mala gana • de pasada • de primera • de cabo a rabo • de poca monta • de maravilla • de un tirón • de mala muerte • de buena fe • de memoria • de pena

describir algo positivo	describir algo negativo	describir cómo leer, estudiar o saber algo

b. Completa las siguientes frases con las locuciones anteriores.

1. ¡Tu exposición oral te ha salido ....! Francamente, yo no lo hubiera hecho mejor. Se nota que has seguido todas las pautas que te dijo tu profesor.

2. El empleado hizo .... el encargo, ya que pensaba que no le correspondía.

3. Leyó todo el párrafo .... y por eso se quedó sin respiración, porque no hizo ni una sola pausa.

4. ¡Espero no volver nunca más a ese local ....! ¡Qué asco! Estaba todo sucio, se notaba que hasta las copas que servían no estaban limpias.

5. Ya veo que te has aprendido .... todas las reglas deportivas para la competición. Muy bien, así seguro que te eligen capitán del equipo.

6. Me dijo que tenía un puesto importante y resulta que solo es un trabajador .... No entiendo por qué hay gente tan mentirosa en el mundo.

7. Es un director .... Tiene un estilo muy cuidado.

8. El examen de conducir me ha salido .... Se me olvidó ponerme el cinturón al arrancar y además aparqué fatal.

9. He revisado el informe .... y creo que no hay ningún error. No obstante, lo volveré a mirar porque es mejor hacerlo varias veces y en distintas ocasiones.

10. Siempre actúa .... , así que no tiene mucho sentido que te enfades con él porque lo que hace es pensando en el bien de todos.

11. Como se sabía bastante bien los diálogos de la obra, los leyó .... minutos antes de dirigirse al auditorio con decisión y valentía.

12. El pastel te ha quedado .... Tiene un aspecto estupendo y un sabor riquísimo. No olvides darme luego la receta porque lo intentaré hacer yo también.

Destacado! El mundo de.

1. Para que una película tenga éxito, debe tener una serie de características. Completa las frases uniendo los elementos de las dos columnas.

1. Que la fotografía…
2. Que la banda sonora…
3. Que la trama…
4. Que los efectos especiales…
5. Que el vestuario y el maquillaje…
6. Que la promoción…
7. Que los actores y actrices…
8. Que los decorados…
9. Que los medios de comunicación…
10. Que los diálogos…

a. te impresionen por su realismo.
b. contribuya a transmitir significado y a despertar emociones visuales en el espectador.
c. tenga una amplia repercusión mediática.
d. hagan una crítica favorable nada más estrenarse.
e. se correspondan con el lugar donde se desarrolla la acción.
f. sean auténticos, vivaces y estén llenos de significado.
g. marque el ritmo de la trama a cada instante.
h. interpreten sus papeles con convicción.
i. sean reflejo fiel de la moda y los peinados de la época.
j. sea coherente y te sorprenda por su originalidad.

Ahora tú

- ¿Qué tres características son las más importantes para rodar una buena película? Justifica tu respuesta.

2. Estas son algunas de las películas en las que ha actuado Eduardo Noriega. Asocia cada cartel con la sinopsis correspondiente. Justifica tu respuesta.

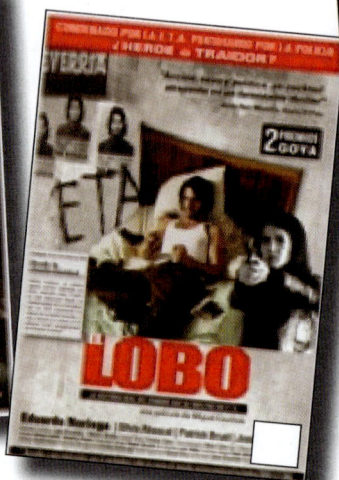

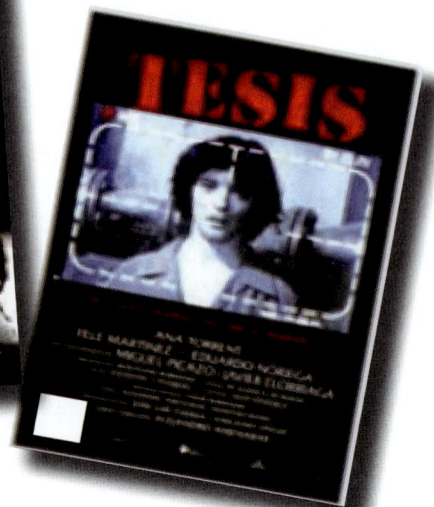

1. César es un atractivo y apuesto joven que vive en una espléndida casa de su propiedad en la que organiza lujosas fiestas. Cuando una noche su amigo Pelayo le presenta a la hermosa Sofía, Nuria, la examante de César, se muere de celos y, yendo en el coche, intenta suicidarse con él dentro. Cuando este se despierta en el hospital, su rostro se encuentra completamente desfigurado y comienza una pesadilla de la que no puede despertar.

2. Ángela, estudiante de Periodismo, está preparando una investigación sobre la violencia audiovisual. Su director de proyecto se compromete a buscar en la videoteca de la facultad material para ella, pero al día siguiente aparece muerto en su despacho. Ángela conoce a Chema, un compañero experto en cine *gore*, y a Bosco, un extraño chico, amigo íntimo de una joven asesinada en una *snuff movie*. Gracias a su intuición de periodista, cree descubrir quién está detrás de este tipo de películas, pero su vida empieza a correr peligro.

3. Mikel Lejarza, agente de los servicios secretos españoles, consiguió infiltrarse en la banda terrorista ETA entre 1973 y 1975. La infiltración supuso un mazazo a la organización en un momento en el que sus acciones se estaban convirtiendo en la excusa perfecta para que algunos sectores del franquismo decidieran actuar para bloquear el futuro democrático de los españoles. Lejarza consiguió frustrar el primer plan de fuga masiva de presos etarras de la cárcel de Segovia y una sangrienta campaña de atentados indiscriminados, con los que ETA pretendía demostrar su fuerza.

4. Diego es un médico que se ha inmunizado ante el dolor de los demás hasta tal punto que todo le resulta distante y ajeno. Se ha desconectado de todo lo que le rodea. Durante un inquietante encuentro, le amenazan con una pistola. Horas después solo recuerda el sonido de una detonación y la sensación de haber recibido algo más que un disparo. Deberá tomar una decisión irreversible que afectará a su propia vida y a la de sus seres queridos.

Recursos Comunicativos

Expresar acuerdo/desacuerdo

- Estoy/Coincido (totalmente) contigo en eso/lo de (que)/lo que…
- Estoy (completamente) de acuerdo en eso/lo de (que)/lo que…
- (No) diría lo mismo.
- (No) comparto tu idea/postura/opinión.
- No lo veo así.
- No me convence (que).

---

3. a. Al escribir una sinopsis hay que considerar diferentes cuestiones. ¿Estás de acuerdo con las siguientes? Justifica tu respuesta.

1. Se desarrolla en un párrafo no demasiado extenso.
2. Es importante hacer referencia a todos los personajes que aparecen en la película.
3. Es necesario incluir hasta los detalles más insignificantes.
4. Es recomendable ver la película, pero no es imprescindible.
5. Se explica el contenido del filme, sin contar la trama y siempre se cuenta el final o el desenlace.
6. El lector tiene que hacerse una idea del género, el tema principal, la época y el lugar o el ambiente en el que se desarrolla la acción.

b. Escribe una sinopsis de una película que hayas visto recientemente y coméntala en clase.

ESPECIAL MUNDO HISPANO

1. Aquí tienes algunas películas hispanoamericanas. Completa la información de cada una con estos términos.

- creencias quechuas • integración • indígena • secreto • golpe de Estado • angustia • opresivos • elección
- mutilados • acoso inmobiliario • revolución • prensa amarilla • hecho real • desahucio • corrupción
- abusos • manipulación • peligro • entablar una amistad • banda sonora

1. Colombia

La estrategia del caracol, dirigida por Sergio Cabrera

Género: COMEDIA / DRAMA SOCIAL

Esta película está basada en un (1) ....: el desalojo de la Casa Uribe en Bogotá y su posterior (2) .... La burocracia colombiana tardó tanto que, cuando llegó el momento del desalojo, la casa ya no existía. Su director tiene la enorme habilidad de mostrar las claras diferencias entre las clases sociales colombianas a través de los inquilinos que habitan la Casa Uribe y la inteligente y original idea que diseñan para no ser desalojados de la vivienda: la estrategia del caracol o llevarse la casa a cuestas. A toda costa, los vecinos evitarán el (3) .... intentado salvar su dignidad y luchando contra la especulación y la (4) .... Sin duda, una obra divertida y al mismo tiempo dolorosa que no hay que dejar de ver en los cines.

2. Perú

La teta asustada, dirigida por Claudia Llosa

Género: MELODRAMA

Fausta padece una enfermedad llamada «la teta asustada», es decir, una enfermedad que transmite el miedo y la (1) .... de madres a hijos a través de la leche materna, según las (2) .... Las mujeres que sufren estos síntomas (en su mayoría de origen (3) .... que vivían en la región de los Andes) son víctimas de los (4) .... por parte de los militares y terroristas del conflicto armado peruano. La película está a caballo entre lo mágico y lo real y envuelve al espectador dentro de un ritmo lento perfectamente adecuado a la narración de los hechos. Destacamos la brillante actuación de la actriz Magaly Solier en el papel protagonista de Fausta.

3. Ecuador

Crónicas, dirigida por Sebastián Cordero

Género: INTRIGA

Una historia que muestra el enorme poder de los medios de comunicación y de su (1) ...., en concreto, el de la televisión, a través de Manolo -el reportero estrella- y de Marisa, la productora de un programa que realiza crónicas relacionadas con la (2) ...., entre ellas sobre crímenes. La excelente fotografía es capaz de captar los ambientes más (3) .... por donde nos conduce su director, Sebastián Cordero, y la (4) .... de la música presenta con acierto el suspense que se respira en todas las secuencias.

DIRECTORES

4. Uruguay

La casa muda, dirigida por Gustavo Hernández

Género: TERROR

La película está inspirada en un hecho real ocurrido en el pueblo de Godoy (Uruguay), donde en los años 40 aparecieron dos cuerpos asesinados y (1) .... en una cabaña, y nunca se encontró al asesino. En la historia de Gustavo Hernández, Laura y su padre compran una casa en el campo que esconde un terrible (2) .... La vida de ambos comenzará a correr (3) .... cuando empiecen a oírse unos sonidos inquietantes. De ahí que merezca especial atención destacar su (4) .... que juega un papel fundamental en la transmisión del miedo en el espectador. Clasificada dentro del género del terror, fue presentada en festivales tan prestigiosos como el de Cannes (Francia) o el de Sitges (Barcelona, España).

5. Chile

Machuca, dirigida por Andrés Wood

Género: DRAMA

Durante dos horas asistimos a las dificultades de (1) .... mostradas a través de la amistad entre dos niños chilenos durante los años de la (2) .... Por un lado, Gonzalo, que pertenece a una clase acomodada, y, por otro, Pedro, que vive en un humilde poblado. Ambos coinciden en el mismo colegio, de ahí que puedan comenzar a (3) .... entre ellos. Andrés Wood, su director, nos lleva de la mano en esta relación que nos muestra la diferencia de clases a partir del hábitat de ambos niños. Todo un intento de integración en un momento en que las fuerzas armadas chilenas llevaron a cabo un (4) .... en contra del presidente Salvador Allende, y cuyo país pasó a estar dirigido por el general Augusto Pinochet (1973). Como curiosidad diremos que fue la primera película chilena en grabarse en alta definición.

2. Escoge una película del cine hispano que te interese y preséntala en clase. Para tu presentación oral prepara:

- una sinopsis
- una crítica cinematográfica sobre:
  - la interpretación de los actores
  - la banda sonora
  - el vestuario
  - la dirección, etc.

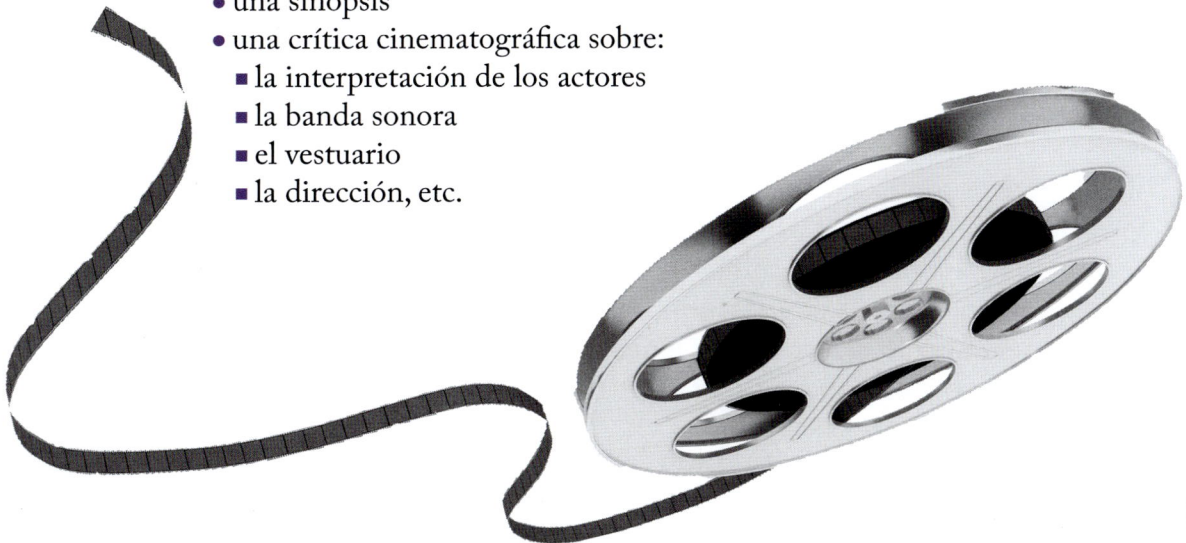

Narración

1. Observa estas imágenes y cuenta qué está pasando como si se tratase de una película.

Ejemplo: *Era sábado por la tarde…*

Dibujo de Sofía Kaba-Ferreiro

Descripción

2. a. Tienes la oportunidad de protagonizar una película. ¿Cómo te gustaría que fuera? Piensa en el tema, el título, el género, los personajes, el espacio y el tiempo. Describe en clase cómo sería.

b. Escribe con un compañero una de las posibles escenas de tu película en la que intervengan al menos dos personajes. Luego leedla en clase.

orales

Tertulia

3. Estás en una escuela de teatro y el profesor plantea en clase las siguientes cuestiones. Comentadlas en grupo.

Todo el mundo puede ser actor

- Actuar en cine, televisión o teatro. ¿Qué es más complicado?
- Cualidades imprescindibles para ser actor.
- En el mundo del espectáculo, ¿es necesario tener contactos o es cuestión de talento?
- Ventajas y desventajas de esta profesión.

Durante tu intervención deberás:

- Interrumpir.
- Introducir un nuevo tema.

Recursos Comunicativos

Interrumpir

- Espera un momento, pero...
- Lamento interrumpir, pero...
- Lo siento, pero...
- ¿Puedo decir algo?
- ¿Me permites un inciso?

Introducir un nuevo tema

- Ahora que dices eso...
- A propósito de eso...

Estrategias de expresión oral
Tertulia

- Reflexiona sobre lo que vas a tratar, así te sentirás más preparado a la hora de hablar.
- Al ser una reunión informal para hablar de un tema, los turnos de palabra no están regulados, pero se tratan de respetar.
- Escucha atentamente lo que dicen los demás: es una forma de aprender sobre el tema propuesto.
- Afina tu espíritu crítico al proponer tus ideas y opiniones. Una crítica no se sustenta solo en valoraciones negativas.

¡A debate!

Pensad sobre las siguientes cuestiones y debatidlas en clase.

Cine y televisión, ¿medios de comunicación enfrentados?

- ¿Crees que ambos medios pueden complementarse?
- Diferencias entre los medios a la hora de tratar un mismo tema.
- Necesidad de los dos en esta sociedad o se puede prescindir de alguno.
- Evolución de estos medios en los próximos años.

Durante tu intervención deberás:

- Solicitar una explicación sobre una idea.
- Pedir confirmación sobre lo que dicen otros participantes.

Recursos Comunicativos

Solicitar una explicación

- ¿Cómo es que...?
- ¿Cómo se explica (el hecho de) que...?
- ¿A qué se debe (que)...?

Pedir confirmación

- ¿Me equivoco?
- ¿Estoy o no en lo cierto?
- ¿A que es verdad/mentira que...?
- ¿Te refieres a que...?
- ¿Es que no...?
- ¿Te parece que voy por buen camino?

Tema 3

Sumario

En portada
Biografía y entrevista al periodista Íker Jiménez, el eterno buscador de respuestas sobre el más allá.

Más palabras
Ampliación y revisión del léxico relacionado con el tema.
Locuciones preposicionales.

Destacado
¿Qué es BuyMyFace? El mundo del periodismo y la noticia.

ESPECIAL MUNDO HISPANO
Periodistas y reporteros gráficos más destacados.

Cierre
Expresión e interacción orales
- Contar una noticia.
- Debate. El periodismo no tiene fronteras, pero ¿tiene límites?

Hablar de *periodismo sin fronteras* es hablar de un periodismo...

- A. Que aborda temas internacionales.
- B. Que analiza fenómenos paranormales.
- C. Que es objetivo e independiente.

Periodismo sin fronteras

"El tema de los ovnis es tan polémico como apasionante".

"Es necesario creer que no todo está resuelto".

"Hay mundos oscuros en el interior de la mente humana".

"El misterio más grande y que nadie resolverá es la vida".

En Portada

🔘 **1. a.** Escucha la entrevista y señala cuáles de estas ideas
3   se mencionan.

El entrevistado:

1. Siente fascinación por los sucesos extraños y los enigmas. | **sí   no**

2. Con solo once años grabó su primer programa de radio acerca de sucesos paranormales. | **sí   no**

3. Comenzó su actividad de periodista gracias a su pasión por los ovnis. | **sí   no**

4. Ha sido testigo de varios hechos inexplicables, entre ellos unos casos de psicofonías. | **sí   no**

5. Considera que la fe es uno de los misterios que todavía no se ha resuelto. | **sí   no**

6. Cree que para poder investigar acontecimientos insólitos hay que implicarse del todo. | **sí   no**

7. Sueña con poder resolver el misterio de la vida. | **sí   no**

b. Lee la entrevista y comprueba tus respuestas.

Íker Jiménez

Lee la biografía de Íker Jiménez, ¿por qué crees que le llaman «el periodista del más allá»?

Hijo del galerista de arte Pedro Ramón Jiménez y de María Elizari, Íker comenzó su actividad periodística profesional con diecisiete años en la emisora municipal de Alcalá de Henares. Su primer programa se llamaba *La otra dimensión.* Se licenció en Ciencias de la Información por la Universidad Complutense de Madrid y la Universidad Europea de Madrid. Publicó su primer libro, *Enigmas sin resolver,* en 1999. Ha trabajado como director y presentador en diferentes emisoras de radio. Tras el éxito de *Milenio 3,* empezó a presentar y dirigir *Cuarto Milenio:* espacio televisivo nocturno donde se abordan diversos fenómenos paranormales y otros enigmas sin resolver.

Adaptado de varias fuentes

Íker Jiménez: el periodista del más allá

Este audaz periodista es uno de los grandes comunicadores de nuestro país. Su interés por el suceso insólito y el enigma ha traspasado miles de pantallas. Consagrado a una vocación que es actitud vital y entregado a la eterna búsqueda de respuestas para las grandes preguntas de la existen-
5 **cia, consigue siempre superar lo anecdótico en lo extraño e inexplicable.**

¿Desde cuándo te dedicas a temáticas de misterio?

Desde niño. A punto de cumplir los
10 once años, ocurrieron una serie de sucesos extraños en mi Vitoria natal, descubrí el apasionante y polémico tema de los ovnis y empecé a hacer entrevistas a los testigos con mi modesta grabadora.

¿Es necesario creer para investigar? 15 **¿Cuál es la distancia que tomas de tu objeto de estudio?**

Es necesario creer que no todo está resuelto. En ese caso, es tener fe en una auténtica certeza. El misterio es 20 mucho más que lo paranormal: hay historia, arqueología, criminología, psiquiatría... y ahí hablamos de hechos objetivos. Mi misión es abrir la

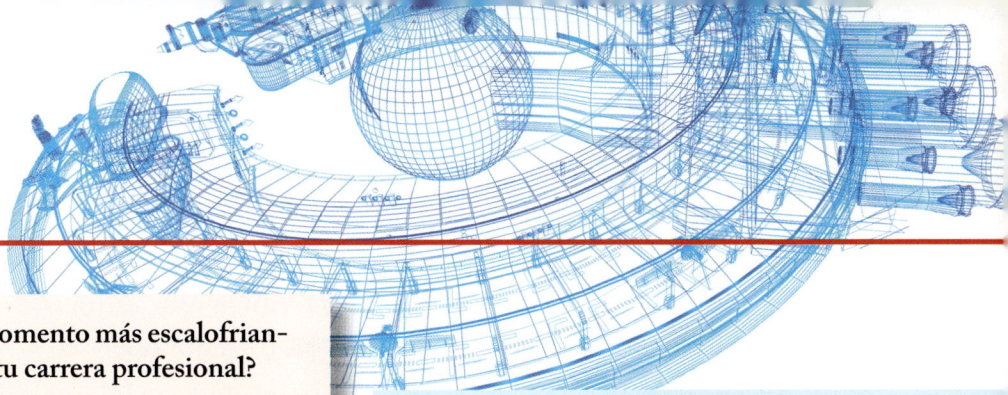

25 mente de las personas; mostrar, sin poseer ninguna verdad absoluta, que la vida es en sí un arcano apasionante, que no todo está descubierto, que la
30 existencia es una aventura... y en eso es en lo que creo con toda mi fe.

¿Has vivido en primera persona algún suceso paranormal?

35 He visto y escuchado cosas que no he sabido explicar, como las psicofonías. Eso me ayuda a continuar sabedor de que a veces ocurren cosas que no se
40 pueden explicar.

¿Cuál es tu leyenda urbana favorita?

Sin duda, la de las apariciones de la mujer en la carretera,
45 que vienen desde el siglo XVII. Lo extraño e inquietante es que hemos entrevistado a personas que lo han visto en nuestro propio país.

50 **¿Y tu misterio histórico predilecto?**

Nuestra historia está llena de misterios y secretos. Las vivencias de Felipe II, su muerte, su
55 pasión por lo oculto, me llaman poderosamente la atención. Por eso pasé tanto tiempo investigando la cara desconocida del hombre más poderoso que ha
60 existido.

¿Y tu fantasma personal?

Hay mundos oscuros en el interior de la mente humana, parajes inexplorados... El mis-
65 terio que todos llevamos dentro, ese me asusta a veces.

¿El momento más escalofriante de tu carrera profesional?

He estado a punto de perder la vida en varias ocasiones, pero 70 prefiero no recordarlo. Como momento más escalofriante, me quedo con la emoción de haber visto y vivido el misterio muy cerca del rostro. Ocurrió 75 cuando sobrevolaba los desiertos del Perú y entramos en El Cerro de los Astronautas en Nazca. Allí, desde hace dos mil doscientos años, gigantescas fi- 80 guras trazadas en la arena, solo visibles desde el aire, nos saludan como si fueran recuerdos del futuro. Es algo inolvidable, es el misterio delante de los 85 ojos.

Y por último, ¿qué misterio te gustaría resolver?

Me conformo con experimentar cada día con el gran mis- 90 terio del que casi nadie se da cuenta, el que nadie resolverá y el más importante de todos: la gran pregunta, la realidad, la vida. Eso implica todos los mis- 95 terios. Nuestra sangre, nuestros ojos, el viento, el espacio, la muerte... todo son preguntas en torno a la existencia. Que no nos las hagamos no quiere 100 decir que no deban ser planteadas, y yo me niego a caminar por la vida sin ser consciente de su maravilla, de su misterio.

Adaptado de la entrevista
de Maica Rivera

Ahora tú

- **¿Existen en tu país periodistas como Íker Jiménez o programas parecidos a *Cuarto Milenio*? ¿Qué te parece este tipo de programas?**

- **¿Conoces alguna leyenda urbana? Explícala.**

- **¿Has vivido algún suceso extraño o inexplicable? ¿Cuándo y cómo fue?**

2. **En la entrevista se habla de estos temas. Asocia cada uno con su definición.**

1. ovnis   **3.** leyendas urbanas
2. psicofonías   **4.** las líneas de Nazca

Definiciones

a. Figuras técnicamente perfectas trazadas sobre la superficie terrestre en el desierto peruano. Estos diseños solo se pueden apreciar desde el aire. ⬚

b. Objetos volantes, reales o no, que no pueden ser identificados por el observador y cuyo origen sigue siendo desconocido. ⬚

c. Fenómenos de voces electrónicas o sonidos de origen desconocido que quedan registrados en grabadoras de audio. ⬚

d. Relatos que pertenecen al folclore popular que, pese a contener elementos sobrenaturales o inverosímiles, se presentan como crónicas de hechos reales que han podido suceder. ⬚

Más Palabras

1. Este tema se llama: «Periodismo sin fronteras». Aquí tienes otras locuciones introducidas por *sin*. Deduce su significado y marca su equivalente.

1. No encontraba quien le ayudara con el artículo de opinión que le pidieron y, *sin ir más lejos*, su vecino, un famoso periodista, se ofreció a ayudarle.
- **a.** sin hacer nada
- **b.** sin buscar más

2. Sé que te inquieta hablar con él sobre lo de tomar el viernes libre, pero mi consejo es que lo hagas *sin rodeos* porque él prefiere la gente franca y directa.
- **a.** con sinceridad
- **b.** con entusiasmo

3. *Sin venir a cuento*, durante la rueda de prensa, uno de los entrevistados se puso a explicar no se qué de una tortilla de patatas… deberías haberlo visto.
- **a.** sin dar detalles
- **b.** sin estar relacionado

4. Estoy de acuerdo con lo que dices; *sin lugar a dudas*, trabajar en una editorial te permite estar en contacto directo con las novedades del mercado.
- **a.** efectivamente
- **b.** preferiblemente

5. Un editorial es un artículo de fondo que aparece en un periódico. Como suele ir sin firmar, el que lo redacta tiene la libertad de escribir *sin tapujos*.
- **a.** sin reservas
- **b.** sin ideologías

6. ¿Te acuerdas del lío que hubo en la redacción por las erratas que aparecieron en algunos titulares? Al final, *sin comerlo ni beberlo*, me acusaron a mí de haber tenido algo que ver.
- **a.** sin haber tomado parte
- **b.** sin ayuda de nadie

7. Hazme caso. Pilar me ha dicho, *sin trampa ni cartón*, que si en alguien han pensado como director de contenidos ha sido en ti, así que yo que tú hablaría con ella cuanto antes.
- **a.** con total sinceridad
- **b.** para animarte

8. Desde que consiguió aquella exclusiva millonaria, se dedica a pasear al perro, nada más, y ahí está *sin oficio ni beneficio*, esperando a que le llueva otra en algún momento.
- **a.** sin hacer nada
- **b.** disfrutando del tiempo

2. En el ejercicio anterior aparecen los términos *el editorial/la editorial*. ¿Conoces la diferencia? Fíjate en estos pares de palabras y defínelos oralmente.

1. el capital	la capital
2. el cura	la cura
3. el final	la final
4. el mañana	la mañana
5. el margen	la margen
6. el parte	la parte
7. el pendiente	la pendiente
8. el vocal	la vocal

bras **más palabras** más palabras **más mas palabras** **más palabras** más palabras más palabras más palabras más palabra labras MÁS PALABRAS más palabras más palabras **palabras** más palabras MÁS PALABRAS más palabras **más palabras** más palabras más palab palabras **más palabras** **más palabras** **más palabras** más palabras **más palabras** **más palabras** más palabras más palabras **más palabras** bras *más palabras* más palabras más **más palabras** más palabras *más palabras* más palabras *más palabras* más palabras más palabrasmá bras más palabras más palabras palabras más palabras

3. a. Lee el siguiente diálogo entre una periodista y un becario que empieza sus prácticas. Sustituye los verbos comodín *(dar, haber, hacer)* por el sinónimo adecuado según el contexto.

Periodista: Buenos días, Carlos. Encantada de que estés aquí. A fin de conocernos un poco mejor, me gustaría que me explicaras por qué te interesa hacer prácticas con nosotros.

Becario: Bueno, hay (1) (coexisten/existen) varias razones. La principal es que creo que me daría (2) (ofrecería/aportaría) la oportunidad de crecer profesionalmente dentro del mundo del periodismo. Me interesan los temas de sociedad y de actualidad y, en un periódico de tanta tirada como este, creo que se pueden hacer (3) (saldar/llevar a cabo) muchas tareas. Lo más interesante ahora mismo para mí es aprender a trabajar en equipo, ya que siempre te da (4) (brinda/entrega) la posibilidad de hacer (5) (confeccionar/entablar) amistad con otras personas.

Periodista: ¿Cómo describirías tu método de trabajo?

Becario: Depende de la tarea en cuestión, pero siempre me gusta hacer (6) (ejecutar/elaborar) una especie de esquema donde anoto todos mis objetivos.

Periodista: Imagino que sabes que en nuestra redacción solamente hacemos (7) (realizamos/acatamos) entrevistas y documentales sobre temas serios y dirigidos a un público de un cierto nivel.

Becario: Por supuesto, tuve la posibilidad de hacer prácticas en una revista del corazón, pero al final opté por quedarme aquí.

Periodista: ¿Y qué te hizo (8) (llevó a/acarreó) cambiar de opinión?

Becario: Pues que en breve habrá (9) (se conmemorarán/se celebrarán) elecciones locales y me interesa poder entrevistar a diferentes miembros del Gobierno local antes de que cambie de color político. De hecho, los últimos datos ya han dado (10) (han arrojado/han derramado) luz sobre un posible ganador: el partido ecologista.

Periodista: Bueno, las encuestas siempre dan (11) (otorgan/proporcionan) datos interesantes, pero mi consejo es que seas cauto a la hora de dar (12) (abastecer/suministrar) cualquier tipo de información en el ámbito político. ¿Tienes alguna pregunta que me quieras hacer (13) (emprender/formular) antes de empezar con tu primera tarea?

Becario: No, ninguna. Simplemente quiero decirle que de momento todo me ha dado (14) (ha infundido/ha causado) muy buena impresión.

Periodista: Excelente. Espero que sigas así de motivado durante toda tu estancia con nosotros.

b. Escucha y comprueba.

4

c. Relaciona cada uno de estos verbos del diálogo con los sustantivos a los que acompaña.

1. Ejecutar...
2. Saldar...
3. Infundir...
4. Aportar...
5. Conmemorar...
6. Emprender...
7. Acarrear...
8. Confeccionar...
9. Otorgar...
10. Coexistir...
11. Derramar...
12. Abastecer...
13. Acatar...

a. una orden, una ley, una resolución.
b. un plan, una sentencia.
c. de alimentos, la demanda, el mercado.
d. una prenda de ropa, un plato, un menú.
e. varias tendencias, varias culturas, una diversidad de opiniones.
f. un líquido, lágrimas, sangre.
g. un aniversario, un centenario, un acontecimiento especial.
h. una deuda, un compromiso, un impuesto o una obligación.
i. problemas, riesgos, inconvenientes.
j. un derecho, un préstamo, una ayuda.
k. respeto, confianza, desconfianza, miedo.
l. datos, pruebas, información.
m. un camino, un viaje, una aventura.

Destacado! El mundo de...

1. Estas declaraciones hacen referencia a diferentes aspectos del mundo del periodismo. Complétalas con el término adecuado.

- agencia de información
- corresponsal
- tirada
- fuente
- libertad de expresión
- censura
- libertad de prensa
- reportero
- objetividad
- acreditación periodística

1. Para evitar enfrentamientos entre la población, algunos países no gozan de .... y es el Gobierno el que ejerce un control parcial sobre los medios de comunicación.

2. Para ser .... hace falta ser intrépido y capaz de hacer lo que sea con tal de ser el primero en conseguir una primicia.

3. Me parece mal que una............................... compre noticias que no quieren que salgan a la luz. Esto es controlar la información, ¿no?

4. Creo que es casi imposible alcanzar la............................... en los medios. Siempre dejan entrever de alguna manera si están a favor o en contra de una noticia.

5. Como periodista, me encanta tener .... porque me permite ver a famosos de cerca y entrar en muchos lugares a los que el público tiene el acceso restringido.

6. Nunca me gustaría trabajar como .... de guerra. Entiendo que haya que hacer ese trabajo, pero no me gustaría levantarme por la mañana y tener que pensar en si me voy a jugar la vida.

7. Muchas veces se presentan noticias sin mencionar su .... Es importante saber de dónde procede la información para poder determinar su veracidad.

8. En el siglo XXI no debería haber .... porque si algo hemos aprendido es que es importante tener acceso a la información y que todo se sepa.

9. A veces sería mejor que no existiera............................... porque de esta manera se evitarían enfrentamientos entre determinados sectores de la sociedad y que algunos periodistas dijeran tonterías.

10. Que un periódico tenga bastante .... no significa que sea objetivo ni que informe bien. A todos los rotativos les interesa vender porque, al fin y al cabo, el periodismo también es un negocio.

Ahora tú

- ¿Hay alguna de las opiniones con la que no estés de acuerdo? ¿Por qué?

El periodismo y la noticia

2. Lee y ordena los párrafos de la siguiente noticia para que la información resulte coherente.

CompraMiCara.com

A. La singular iniciativa ha conseguido llenar los bolsillos de Ed y Ross, que hoy tienen una web, (BuyMyFace.com), muy bien organizada y ganan al menos unos 120 euros al día, desembolsados por las empresas que quieren utilizar su piel como soporte publicitario. Alquilan sus frentes y mejillas, donde los patrocinadores «pueden pintar lo que quieran».

B. En el calendario que aparece en la parte inferior de la página web se muestran todas las colaboraciones pasadas y los días aún disponibles para que los patrocinadores *compren* las caras de Ed y Ross. Sus rostros aparecen en la parte superior de la web pintados con el *anuncio del día* y por debajo de la frase: «Hoy nuestras caras han sido vendidas a...».

C. Tal y como explican ellos mismos: «A la hora de buscar trabajo recibimos tantas negativas que decidimos optar por una solución alternativa», recuerda Ross. Los dos jóvenes tenían que enfrentarse a una deuda de unos 60 000 euros. Entonces no se les ocurrió nada mejor que vender sus rostros al mejor postor y pasear por las calles de Londres con las caras pintadas.

D. El próximo desafío es traspasar las fronteras británicas. «Hemos recibido peticiones de varios países, desde Estados Unidos a Hong Kong pasando por Europa», explica Ross. Así, puede que BuyMyFace.com se convierta en algo más que una solución para saldar las deudas que los dos jóvenes contrajeron para pagar sus matrículas universitarias.

E. `1` Ed Moyse y Ross Harper se licenciaron en la prestigiosa Universidad de Cambridge. Uno en Economía y el otro en Neurociencia. Pero ambos están en el paro. O al menos lo estaban, hasta que se les ocurrió una brillante idea para poder pagar sus deudas de estudiantes: alquilar sus caras como espacios publicitarios.

F. Las empresas que han colaborado con BuyMyFace.com están satisfechas. «Se trata de un equipo de profesionales. En los dos días que contratamos sus servicios, nuestra web logró el mayor tráfico de este año», asegura Robert Dinsey, de Altitude Solutions LTD.

Adaptado de www.elmundo.es

Ahora tú

- ¿Qué opinas de esta iniciativa?
- ¿Estarías dispuesto a hacer lo mismo?
- ¿Por qué crees que hay empresas interesadas en este tipo de publicidad?
- ¿Crees que esta técnica se podría utilizar también con una finalidad informativa? ¿Por qué?
- ¿Se te ocurre otro titular para la noticia?

PERIODISTAS

1. Lee las fichas de estos periodistas y asocia cada biografía con las imágenes correspondientes. Justifica tu respuesta.

1. Argentina

Walter Astrada (1974)

Empezó su carrera de fotoreportero en el periódico *La Nación* y desde entonces ha documentado a través de sus fotografías la realidad de muchos países. En 2006 se mudó a España, desde donde trabaja como fotógrafo *freelance*. Su trabajo le ha valido numerosos reconocimientos profesionales: en 2011 ganó el premio Alfred I du Pont con su reportaje titulado *Undesired*, acerca de la práctica del aborto selectivo en la India.

Adaptado de www.walterastrada.com

2. México

María del Carmen Aristegui Flores (1964)

Además de periodista, es presentadora de *CNN en español* y *Noticias MVS*, y editorialista en la sección «Opinión» del periódico *Reforma*. Fue despedida de MVS por haber violado el código de ética de la empresa al transmitir una noticia en la que se acusaba al presidente Felipe Calderón de alcoholismo. La periodista acusó al presidente de ordenar su despido, lo cual causó una oleada de solidaridad en su apoyo y una manifestación frente a las instalaciones de MVS Radio. Tras un acuerdo, regresó al noticiero de MVS.

Adaptado de varias fuentes

3. Ecuador

Pablo Corral Vega (1966)

Fotoperiodista, artista y abogado que ha publicado sus trabajos en revistas y diarios de fama mundial como *National Geographic* y *The New York Times*. Ha sido jurado de *Pictures of the Year International* y de *World Press Photo*, los dos concursos de fotografía más importantes del mundo. Es el fundador de nuestramirada.org, la red de fotógrafos más grande de América Latina y es autor de seis libros de fotografía. Mario Vargas Llosa escribió veinte cuentos cortos tomando como fuente de inspiración las fotografías de dos de sus libros: *Veinte y cinco* y *Andes*.

Adaptado de www.pablocorralvega.com

Y REPORTEROS

4. Colombia

Hollman Felipe Morris (1969)

Periodista y comunicador, es además productor y director de televisión. Tiene gran relevancia en el territorio nacional e internacional por tratar temas de conflicto armado, defender los derechos humanos, acuerdos de paz y libertad de prensa. Ha destacado por sus ideas y por arriesgarse a descubrir la verdad a pesar de la polémica que esto pudiera generar, como en el caso de los cementerios clandestinos. Ha sido nominado al premio por la libertad de prensa de la Unesco en 2007, ha obtenido el premio a la libertad de expresión del Comité de Periodistas de Canadá y el premio que otorga la ONG de defensa de los derechos humanos Human Rights Watch.

Adaptado de varias

5. Bolivia

Fernando Molina (1965)

Periodista y autor de varios ensayos, libros y artículos sobre varios temas, entre los cuales destaca su artículo «Pensar Hispanoamérica: el inicio», ganador del Premio Internacional de Periodismo Rey de España 2012 en la categoría Iberoamericana. En el artículo, el autor mantiene la tesis de que las principales contribuciones de Hispanoamérica al pensamiento mundial son aquellas que produjo su mismo descubrimiento, que impulsó a algunos españoles religiosos o intelectuales a reconocer el valor de la capacidad individual de decidir, cimiento de la ética moderna.

Adaptado de www-la-razon.com

6. Cuba

Marta Rojas (1928)

Su primer trabajo como corresponsal de guerra fue un reportaje sobre el asalto al cuartel Moncada el 26 de julio de 1953, cuando recién graduada y sin experiencia alguna, confundió en medio del carnaval los fuegos artificiales con los tiros del combate. A pesar de su inexperiencia, pudo llegar al lugar de los hechos. Trabajó como corresponsal de guerra en Vietnam. Ha recibido numerosas condecoraciones, como el Premio Nacional de Periodismo José Martí, en reconocimiento a su obra, y ha publicado varios libros sobre temas relacionados con su tierra natal, Cuba.

Adaptado de www.lajiribilla.com

Ahora tú

- ¿A cuál de estos periodistas te gustaría poder entrevistar? ¿Por qué? ¿Qué le preguntarías?
- Elige un periodista o un reportero famoso de tu país y prepara una breve presentación de su vida y sus trabajos más conocidos. Expón tu presentación en clase.

Cierre

Expresión e interacción

Contar una noticia

1. Lee esta adaptación del *Decálogo del buen periodista* del ensayista y escritor Azorín. Decide qué consejos te parecen valiosos. Justifica tu respuesta. ¿Puedes añadir alguna sugerencia más?

Estrategias de expresión oral
Contar una noticia

- Narra los acontecimientos en tercera persona para mostrar un punto de vista imparcial.
- Empieza con una frase interesante para captar la atención del público.
- Presenta los hechos de manera cronológica para que el desarrollo de la historia resulte lógico.
- Estructura y presenta la información de manera ordenada. Usa los marcadores discursivos adecuados.
- Utiliza expresiones llamativas, lenguaje metafórico o idiomático, y anécdotas fáciles de recordar que te ayuden a ilustrar lo que estás contando.
- Usa un lenguaje variado, evita las repeticiones y utiliza sinónimos.

Decálogo del buen periodista

- Sé breve
- Sé claro
- Sé concreto
- Expón una única idea
- No seas erudito
- No digas palabras malsonantes
- Cuenta lo que has visto
- Prefiere la insinuación y no utilices un tono exagerado
- Reserva lo decisivo para el final
- Otro: _____

2. ¿Qué consejos darías a un amigo que va a trabajar por primera vez como periodista? Lee los siguientes y ordénalos de más [1] a menos importante [10] según tu opinión.

- [ ] Ten claros tus objetivos.
- [ ] No pienses solamente en las palabras, sino también en las ideas.
- [ ] Sé breve, claro, utiliza un lenguaje variado y ejemplos concretos.
- [ ] Adecúa la presentación y el estilo al público ante el que te tienes que expresar.
- [ ] Utiliza bien las pausas para subrayar lo que acabas de decir.
- [ ] No pierdas la calma ante comentarios incómodos y contesta con amabilidad.
- [ ] Ten cuidado con el humor, puede que alguien no entienda muy bien lo que quieres decir.
- [ ] Piensa en la estructura de la presentación: qué vas a decir, cómo y en qué orden.
- [ ] Nunca leas de un papel. Ayúdate con material audiovisual o un esquema para no perder el hilo.
- [ ] Cuida la comunicación no verbal: evita cruzar los brazos o las piernas, moverte demasiado y mirar al suelo.

Recursos Comunicativos

Aconsejar

- Lo más aconsejable/recomendable (en estos casos) es...
- Te sugeriría que...
- Te recomiendo que...
- Lo único que puedo aconsejarte/recomendarte/sugerirte es que...
- Creo que sería bueno que...
- Una buena idea es que...
- ¿(Me) aceptas un consejo?
- Yo en tu lugar/Si fuera tú...

orales

3. a. Tienes que documentar un suceso de tu ciudad. Redacta una noticia y exponla oralmente como si presentases un telediario.
Ten en cuenta lo siguiente.

Para redactar la noticia, ayúdate de las siguientes preguntas.

- ¿Qué?
- ¿Cómo?
- ¿Cuándo?
- ¿Quién?
- ¿Dónde?
- ¿Por qué?

b. Para estructurar tu noticia utiliza estos conectores y expresiones. Clasifícalas según su función.

- debido a • es decir • finalmente • en primer lugar • pongamos por caso • para empezar • en otras palabras • el objetivo/propósito de mi exposición es el de • sirva a modo de ejemplo • puesto que • en conclusión • en concreto • dicho de otra manera/de otro modo • para finalizar • ya que

Marcadores del discurso y expresiones

1. A modo de introducción podemos decir que...

2. Como he mencionado...

3. A causa de...

4. Baste como muestra...

5. A modo de resumen...

Función comunicativa

a. Comenzar o introducir una idea: 1,

b. Aclarar el contenido

c. Expresar causa

d. Ejemplificar o detallar información

e. Concluir o recapitular

¡A debate!

Pensad sobre las siguientes cuestiones y debatidlas en clase.

El periodismo no tiene fronteras, pero ¿tiene límites?

- La libertad de expresión no debe tener límites o ¿es inevitable establecerlos?
- El papel del periodista en el siglo XXI.
- El papel del periodismo en la sociedad de las publicaciones sensacionalistas.

Durante tu intervención deberás:

- Dar tu opinión.
- Valorar las respuestas de tus compañeros.
- Presentar tus contraargumentos.

Recursos Comunicativos

Contraargumentar

- No te falta razón, pero/sin embargo/ahora bien/por el contrario...
- No hay duda de que/a no ser que....
- (Yo) no (te) digo que (no)..., pero/sin embargo/ahora bien...
- En eso me has convencido/tienes razón, pero
- No te discuto que..., pero/no obstante
- No me parece mala idea, pero por el contrario...
- No es que no... sino que...
- No digo que no... sino que...

Tema 4

Cuestiones previas

- ¿Crees que existe una relación entre el gusto por un tipo de música y la personalidad del que la escucha?

- ¿Recuerdas algún estilo musical que haya marcado tu vida o que represente un periodo concreto de la historia de tu país?

- ¿Qué crees que tienen en común los músicos y los poetas?

Sumario

En portada

Biografía y entrevista al cantante José María Sanz (*Loquillo*), que nos desvela los secretos de una etapa de su vida.

Más palabras

Ampliación y revisión del léxico relacionado con el tema.
Expresiones idiomáticas.
Posición del adjetivo y significado.

Destacado

El mundo de la música y la poesía.

ESPECIAL MUNDO HISPANO

¿Quiénes son Calle 13? Música de aquí y de allá: panorama de la música actual y los músicos más representativos.

Cierre

Expresión e interacción orales
- Recitar un poema.
- Debate.
  - La piratería musical.
  - Un cantante: ¿nace o se hace?

Cuando alguien dice que algo *es música para mis oídos*, significa que es algo:
- ☐ **A.** Agradable y placentero.
- ☐ **B.** Divertido y entretenido.
- ☐ **C.** Ruidoso y molesto.

Música para mis oídos

"Los poetas malditos fueron los primeros *rockeros*".

"La música no es entretenimiento ni espectáculo".

"Música y literatura se enriquecen".

"La música fue mi universidad".

"La poesía es un arma cargada de futuro".

"Pocos músicos encuentran el reconocimiento del público".

Loquillo

Completa la biografía del cantante Loquillo con algunas de estas palabras.

- disco homenaje • en la categoría
- diversos periódicos • un arma cargada
- solitario

José María Sanz Beltrán (Barcelona, 1960), alias *Loquillo*, es un cantante de pop y *rock*. Hasta mediados de 2007, lo acompañaron en su música los Trogloditas.

Actualmente se presenta en (1) .... como *Loquillo*.

En sus inicios se llegó a decir de él que era «demasiado *rocker* para los *punks*, y demasiado *punk* para los *rockers*». Años después, bajo el lema: «La poesía es (2) .... de futuro», editó dos discos de poemas, donde pone voz a obras de poetas del calibre de Octavio Paz y Pablo Neruda. También ha colaborado como articulista en (3) ...., y ha escrito dos novelas, *El chico de la bomba y Barcelona ciudad. Balmoral* es su (4) .... al lugar donde solía reunirse junto a otros músicos, intelectuales y artistas. Por este álbum fue nominado al Grammy Latino 2008 (5) .... de Mejor Álbum de *Rock* Vocal.

Adaptado de varias fuentes

La entrevista

🔘 **1.** Escucha la entrevista con Loquillo y complétala con las palabras que faltan.
5

Loquillo: «La música fue mi universidad»

Pasó de dar cobijo a las rubias en el asiento de atrás de su «viejo Cadillac de segunda mano» en los ochenta a (1) .... autoproclamándose con orgullo como uno de nuestros más auténticos y admirados «veteranos» nacionales.

5 **¿Se ha abierto para Loquillo una nueva etapa profesional?**

No, no lo siento así. Simplemente, en mis últimos discos confluyen los tres Loquillos: el com-
10 prometido, el (2) .... y el *rockero*.

¿A qué se refiere el título de aquel primer álbum sin los Trogloditas?

15 *Balmoral* es el reflejo de una época y sobre todo la memoria de unos personajes que confluyen en una (3) .... que ya no existe, donde debatían
20 sobre lo divino y lo humano en tertulias que duraban hasta altas horas de la madrugada.

Una de las primeras impresiones tras la escucha del disco es
25 **que estás bien cultivado en la mejor literatura...**

No soy Santiago Auserón. No he ido a la universidad, en todo caso (4) ...., no
30 porque haya tenido que estudiar sino sencillamente porque me ha interesado.

Hay dos temas especiales recogidos en el álbum que te delatan
35 **intelectualmente en este sentido:** *Memorias de jóvenes airados y La belle dame sans merci...*

Me interesa (5) ...., los poetas ingleses y sus referencias. Tomo todo ello para 40 trasladarlo, en cierta manera, a mi generación, que al fin y al cabo fue la primera que pudo comenzar a expresarse libremente y a defender todo aquello 45 en lo que creía, sin censuras... es ahí donde hago un símil con (6) .... Por otro lado, *La belle dame sans merci* llega de un poema del romántico 50 John Keats, porque yo soy un gran lector de novela y poesía gótica.

Entonces, ¿profesas culto a los poetas malditos? 55

No los llamaría así. Es más, creo que fueron los primeros *rockeros* y no veo demasiadas diferencias, sino muchos puntos de conexión, entre lo que hicieron 60 ellos en el siglo XIX y lo que hicimos nosotros en la década de los ochenta. Es verdad que el *rock* se ha venido alimentando mucho de ese supuesto malditismo, 65 pero pienso que es solo un fenómeno cíclico, ocurre cuando una generación nueva decide ir más allá y romper las fronteras. Así ocurrió con esos (7) .... 70 .... decimonónicos, pasan-

do por todos los miembros de la generación Beat hasta llegar a nosotros, porque con el paso de los años dirán que también los de la mía fuimos una pandilla de degenerados...

¿Qué piensas de que ahora esté tan en boga lo de reivindicar la Movida madrileña de los ochenta?

Es un tema que me parece muy aburrido. Para mí, los grupos de la Movida fueron Gabinete Caligari, Alaska y los Pegamoides, y Parálisis Permanente. Esas y no otras fueron (8) _____, con las que tuve algo que ver cuando llegué aquí... ¿acaso hubo alguna más? Al resto, llámalo pop o como quieras, pero no lo llames *Movida*.

Tu disco *Balmoral* está dedicado al músico Guille Martín. ¿Qué significó para ti este artista?

Guille tocó con mucha gente, pero solo fue (9) _____ de Trogloditas. Creo que fue el último guitarrista de su generación, de una manera de entender el *rock and roll* en España. Después de él y Pepe Risi, ya no hay nada.

Sin embargo, los reconocimientos a los músicos no abundan...

Bueno, yo aprendí desde que (10) _____ que uno tiene que aprender a protegerse a sí mismo. El problema de este país no es sino la falta de respeto. Aquí el músico sigue siendo un cantamañanas y, en general, se desprecia muy fácilmente a los músicos, incluso a los actores.

¿Qué es lo más grande que te han brindado tus más de treinta años de oficio?

Aprendizaje intelectual, de la vida... La música fue mi universidad y con ella he aprendido a conocer otros mundos (11) (_____) y, sobre todo, a ser mejor persona. Para mí, la música no es entretenimiento ni espectáculo sino una forma (12) _____

No cabe duda de que estás arropado por buenos amigos, y hay más nombres reflejados en *Balmoral*, como el de Luis Alberto de Cuenca, Carlos Segarra, Enrique Bunbury...

Luis Alberto es una de mis figuras poéticas de referencia en los últimos diez años, un poeta de mi generación. Y Carlos vive muy bien en su circuito de *rock and roll* en Alicante, pero tengo muchas ganas de que saque nuevo disco.

En *Balmoral*, he querido volver a trabajar con (13) _____ con los que he colaborado a lo largo de mi vida y Segarra es uno de ellos. Enrique creo que es la persona que más críticas ha recibido aparte de mí mismo, y eso une. Él junto con Calamaro son las personas con las que me siento a gusto. Pero no soy un artista con (14) _____ a llevarse bien con los compañeros de profesión: yo escojo a mis amigos.

Adaptado de la entrevista de Maica Rivera

2. Estas expresiones están tomadas de la entrevista. Explica su significado con tus propias palabras o con un ejemplo.

- ⬡ poner voz a obras de poetas
- ⬡ estrenar el milenio
- ⬡ confluir en una coctelera madrileña
- ⬡ hacer un símil con los jóvenes airados
- ⬡ profesar culto a los poetas malditos
- ⬡ ser un fenómeno cíclico
- ⬡ ser una pandilla de degenerados
- ⬡ estar en boga
- ⬡ ser un cantamañanas
- ⬡ estar arropado por buenos amigos
- ⬡ no ser un artista con inercia

Ahora tú

- ¿Qué opinas de Loquillo y su música? ¿Te gustaría escuchar alguna de sus canciones? Justifica tu respuesta.

1. Existen muchas expresiones idiomáticas relacionadas con la música. Lee las siguientes y elige el significado equivalente para cada una.

1. ¡Qué has hecho! ¿Se lo has contado así, *sin ton ni son*?

2. Desde ahora seré yo quien *lleve la batuta* en este proyecto.

3. A mi primo le gusta *dar la nota*, por eso siempre cuenta anécdotas absurdas.

4. Salimos a las 8 y, *entre pitos y flautas*, al final nos dieron las 12 de la noche.

5. No te creas lo que dice, *es un cantamañanas*.

6. Venga, *cambia de disco* ya, que llevas tres horas hablando de lo mismo.

7. No te preocupes. Esto va a *ser coser y cantar*, acabo en 5 minutos.

8. ¡Qué desorden! En cuanto vea a Jaime, voy a *cantarle las cuarenta*, me prometió que iba a recoger su habitación hoy mismo.

9. Espero que no te pongas ese vestido para la boda porque *es del año de la polca*.

10. Llevamos una hora esperando y aún no nos han atendido. Será mejor que nos *vayamos con la música a otra parte*.

a. Hablar de un tema diferente.

b. Muy fácil.

c. Querer ser el protagonista.

d. Intentar conseguir algo en otro lugar.

e. Mandar, guiar, dirigir.

f. Entre una cosa y otra.

g. Sin pensarlo antes.

h. Decirle a alguien algo de forma clara y directa.

i. Persona irresponsable que no merece crédito.

j. Muy viejo.

2. Fíjate en la posición del adjetivo y explica el significado de los siguientes enunciados.

Adjetivo antepuesto:

El estreno del musical ha sido un auténtico éxito > ha tenido mucho éxito.

Adjetivo pospuesto:

He conseguido un autógrafo auténtico de mi cantante favorito > un autógrafo real.

1. Debido al temporal cancelaron el concierto y ni un **triste** espectador se acercó hasta el palacio de congresos.
Creo que esta melodía **triste** no pega mucho con la escena de la película, sería mejor buscar otra un poco más animada.

2. Durante el festival de música **cualquier** día te puedes encontrar a famosos paseando por la calle.
Ese no es un grupo **cualquiera**, sino uno de los más importantes de los 80.

3. Le encantan los objetos antiguos y aún guarda un equipo de **alta** fidelidad que se oye perfectamente.
A algunos les da vergüenza ponerse a cantar en voz **alta** en medio de la calle, pero a mí no.

4. Acaba de adquirir para su colección un **nuevo** violín de más de trescientos años.
Vamos a tener que comprar unos altavoces **nuevos.** Estos se oyen fatal.

5. Es una **gran** pianista. Ha estudiado con los mejores profesores y ha estado de gira con las principales orquestas del país.
Parece que el intérprete se negó a cantar porque solamente le gusta actuar en escenarios **grandes.** Dijo que nunca se había sentido tan agobiado por falta de espacio.

6. A **ciertas** personas no les gusta la ópera porque no la entienden.
No es un rumor que el grupo más popular del momento vaya a actuar en Buenos Aires, es una noticia **cierta.**

7. El que está al lado del director es un **antiguo** profesor de música que tuve antes de venir a estudiar al conservatorio.
Como nadie toca el piano **antiguo** que tenemos en el salón, está solamente de adorno.

8. Has interpretado la balada muy bien y esta vez solamente has desafinado en una **única** nota.
Ese grupo cubano ha conseguido desarrollar un ritmo **único** muy característico.

3. Lee estas frases célebres de personalidades del mundo de la música y elige la opción correcta.

1. «La música no es solo el arte más joven, sino tal vez el **único** arte **único** cuyo ejercicio, si ha de ser eficaz, exige una **completa** juventud **completa** de espíritu».
Manuel de Falla (1876-1946), compositor español.

2. «La música es una **amplia** cosa **amplia**, sin límites, sin fronteras, sin banderas».
León Gieco (1951), cantautor argentino.

3. «Componer no es difícil, la **complicada** tarea **complicada** es dejar caer bajo la mesa las **superfluas** notas **superfluas**».
Johannes Brahms (1833-1897), compositor alemán.

4. «La música es un **directo** arte **directo**, entra por el oído y va al corazón».
Magdalena Martínez (1963), flautista española.

5. «Estoy seguro de que la **buena** música **buena** alarga la vida».
Jehudi Menuhin (1916-1999), director de orquesta norteamericano.

6. «La música es el **verdadero** lenguaje **verdadero** con un **universal** valor **universal**».
Carl M. von Weber (1786-1826), compositor alemán.

7. «Quiero hacer una **perfecta** música **perfecta**, que se filtre a través del cuerpo y sea capaz de curar **cualquier** enfermedad **cualquiera**».
Jimi Hendrix (1942-1970), guitarrista norteamericano.

Ahora tú

- ¿Cuál de las frases anteriores te parece más acertada? Justifica tu respuesta.
- Crea tu frase célebre en la que utilices adjetivos antepuestos y pospuestos y después compártela con el resto de la clase.

Destacado!

1. Une los siguientes verbos y sustantivos relacionados con el mundo de la música.

1. Componer...	**a.** un ritmo.
2. Interpretar...	**b.** una canción original.
3. Dar...	**c.** una gira.
4. Dirigir...	**d.** a un intérprete.
5. Marcar...	**e.** un concierto.
6. Emitir...	**f.** un instrumento.
7. Leer...	**g.** una pieza musical.
8. Hacer...	**h.** una orquesta.
9. Tocar...	**i.** un sonido.
10. Acompañar...	**j.** solfeo.

2. a. Estos tres elementos se utilizan para describir un estilo musical. Elige los cuatro adjetivos que mejor se combinan con cada uno. Atención a la concordancia.

1. un ritmo   **2.** una voz   **3.** una canción

- desafinado • folclórico • comercial • agudo
- acompasado • de pito • pegadizo
- reivindicativo • dinámico • grave
- de cuna • trepidante

b. Piensa en algún artista hispano del mundo de la música y describe cómo es el ritmo de sus canciones, su voz y alguna canción que te guste.

3. **Escucha y lee este poema de Pablo Neruda y contesta a las siguientes preguntas.**

- ¿Cuál crees que es el significado del poema?

- ¿Cómo se describe a la niña?

- ¿Con qué se compara?

Poema número 19

Niña morena y ágil, el sol que hace las frutas,
el que cuaja los trigos, el que tuerce las algas,
hizo tu cuerpo alegre, tus luminosos ojos
y tu boca que tiene la sonrisa del agua.

Un sol negro y ansioso se te arrolla en las hebras
de la negra melena, cuando estiras los brazos.
Tú juegas con el sol como con un estero
y él te deja en los ojos dos oscuros remansos.

Niña morena y ágil, nada hacia ti me acerca.
Todo de ti me aleja, como del mediodía.
Eres la delirante juventud de la abeja,
la embriaguez de la ola, la fuerza de la espiga.

Mi corazón sombrío te busca, sin embargo,
y amo tu cuerpo alegre, tu voz suelta y delgada.
Mariposa morena dulce y definitiva,
como el trigal y el sol, la amapola y el agua.

P. Neruda,
Veinte poemas de amor y una canción desesperada (1924)

4. Muchas canciones recurren a la rima como si fueran un poema. Lee el texto de otra canción de Loquillo y complétala con las vocales que faltan. Ayúdate de los sinónimos.

«A Alicia, disfrazada de Leia Organa»
por Luis Alberto de Cuenca

Si solo fuera porque a todas h o r a s
tu cerebro se funde con el mío;
si solo fuera porque mi (1) v_c_ _ (vacuo)
lo llenas con tus naves (2) _n v_s_r_s. (conquistadores)
Si solo fuera porque me (3)_n_m_r_s (encantas)
a golpe de sonámbulo extravío;
si solo fuera porque en ti (4) c_n f_ _, (creer)
princesa de galácticas (5) _ _r_r_s. (amaneceres)
Si solo fuera porque tú me quieres
y yo te quiero a ti, y en nada creo
que no sea el amor con que me hieres…
Pero en que hay, además, esa mirada
con que premian tus ojos mi (6) d_s_ _ (pasión)
y tu cuerpo de reina (7) _s c l_v_z_d_. (encadenada)

5. Lee las siguientes opiniones relacionadas con la música. ¿Estás de acuerdo? Justifica tu respuesta.

1. *Ahora, con las nuevas tecnologías, ya no hace falta estudiar música para saber componer. Simplemente es cuestión de encontrar un ritmo novedoso y pegadizo, y de hacer mucha publicidad.*

2. *Creo que existe una relación entre la música y el estado de ánimo de una persona. Al menos yo, si estoy triste, me pongo a escuchar baladas y, si estoy contento, me apetece oír música disco.*

3. *Es muy importante aprender a tocar un instrumento musical. Según los expertos, este aprendizaje favorece otro tipo de conocimientos como las matemáticas, los idiomas, etc.*

4. *En determinados momentos de la Historia, la música ha servido de arma de protesta para reivindicar aquello que no se podía decir de viva voz. Hoy, desafortunadamente, esto se ha perdido por completo.*

5. *«Dime qué música te gusta y te diré cómo eres». Para algunos la música está relacionada con la personalidad. Si escuchas música clásica, eres una persona tranquila, pero si te gusta más la electrónica entonces tienes un carácter más nervioso.*

MÚSICA DE

1. a. Lee las fichas de estos artistas e indica a qué texto pertenecen las siguientes afirmaciones.

	Texto
a. Ha trabajado con algún célebre cantante de flamenco.	
b. Su música ha sido llevada a la gran pantalla.	
c. Empezó muy joven en el mundo de la música.	
d. Sus letras transmiten compromiso social.	
e. Ha interpretado temas en diferentes idiomas.	
f. A los miembros de este grupo se los conoce con otros sobrenombres.	
g. El nombre del grupo procede de un lugar físico.	
h. Alterna su labor de cantante con la de la enseñanza.	

1. Argentina

Andrés Calamaro

Músico, compositor, intérprete y productor argentino ganador de los Premios Grammy Latinos en 2009. Empezó en el mundo de la música con tan solo 8 años y a los 17 ya tocaba los teclados en el grupo Raíces con quienes debutó discográficamente. Su estilo musical es una mezcla de *funk*, pop *rock* y *new wave*. Artista polifacético, toca varios instrumentos, entre ellos el piano, la guitarra y el bajo.

2. México

Café Tacvba

Banda de *rock* alternativo considerada una de las mejores de Latinoamérica. Su nombre proviene de un famoso café del centro histórico de Ciudad de México. Su música no pertenece a una única categoría debido a la versatilidad y variedad tanto melódica como de ritmos que combinan: *rock*, *hip-hop*, música electrónica, folklórica latina y mexicana.

Calle 13

3. Puerto Rico

Banda de música urbana encabezada por René Pérez Joglar, apodado *Residente*, y su hermanastro Eduardo Cabra, el *Visitante*. René es el cantante principal, y Eduardo canta los coros y se encarga del componente instrumental. Han ganado numerosos Premios Grammy. Su estilo musical es ecléctico, ya que a menudo utilizan instrumentos no convencionales y sus letras suelen incluir temas de índole social sobre Latinoamérica.

AQUÍ Y ALLÁ

4. Colombia

Aterciopelados

En 2006 fueron nombrados por la revista norteamericana *Time* como una de las mejores agrupaciones del mundo, al lado de Radiohead y U2. Precursores del *rock* colombiano, son embajadores de Amnistía Internacional en la lucha contra el maltrato de la mujer y como «Guardianes de Paz». Su música mezcla *rock* con raíces del folclore colombiano y letras de protesta. Su primer éxito internacional fue *Bolero falaz* en 1995.

5. Uruguay

Ganó el Óscar a la mejor canción inédita en el 2005 por su tema «Al otro lado del río», canción principal de la película *Diarios de motocicleta*. Fue la primera canción en castellano de la historia en recibir este galardón. En 1992 editó su primer disco, *La luz que sabe robar*. Su música es una combinación de ritmos *folk* y *rock*.

Jorge Drexler

Bebo Valdés

6. Cuba

Su nombre completo es Dionisio Ramón Emilio Valdés Amaro y se le considera una de las figuras centrales de la época dorada de la escena musical cubana. Su música es una mezcla de ritmos cubanos y de *jazz* afrocubano. Además de pianista, su faceta más conocida ha sido la de compositor, arreglista y director. Su colaboración con el cantaor flamenco Diego *el Cigala* se convirtió en un éxito internacional reconocido con un Premio Grammy en 2004.

7. Chile

Verónica Villarroel

Es una de las sopranos más destacadas del mundo galardonada con numerosos premios internacionales. En 2009 se presentó al Festival Internacional de la Canción de Viña del Mar, el evento musical más importante de Chile, y ganó todos los premios otorgados por el público. Intercala su actividad de cantante con la de formación docente, teniendo a su cargo la dirección de la academia que lleva su nombre en la ciudad de Santiago de Chile.

Shery

8. Guatemala

Cantante y compositora de pop. Ha grabado canciones en español y en italiano, y ha colaborado con numerosos artistas internacionales. En 2005 su tema *El amor es un fantasma* debutó en la radio y permaneció durante 26 semanas consecutivas en el Top 40 de Guatemala. En 2011 su videoclip *Me convertí en roca* fue premiado como «Mejor vídeo del año» del país.

b. Tu compañero y tú organizáis un festival de música, Internacionalia. ¿A qué artistas invitarías? Justificad vuestra respuesta.

Cierre

Recitar un poema

1. La música y la poesía son mundos paralelos, pero ¿cuál de los dos transmite mejor las emociones? Lee estos pensamientos, ¿con cuál te identificas?

- Explica cómo reflejar tu opinión personal y tu preferencia por la música o la poesía.
- Expresa tu aprobación o desaprobación con las ideas de tus compañeros explicando tus razones.

«La música compone los ánimos descompuestos y alivia los trabajos que nacen del espíritu».
M. de Cervantes, escritor español

«La música es el territorio donde nada nos hace daño».
A. Calamaro, músico argentino

«Cada poema es único. En cada obra late, con mayor o menor grado, toda la poesía. Cada lector busca algo en el poema. Y no es insólito que lo encuentre: ya lo llevaba dentro».
O. Paz, escritor mexicano

«Poesía es la unión de dos palabras que uno nunca supuso que pudieran juntarse, y que forman algo así como un misterio».
F. García Lorca, escritor español

Recursos Comunicativos

Expresar aprobación
- No tengo nada que objetar…
- ¡Así me gusta!
- ¡Eso es!
- ¡Sí señor!
- ¡Bien dicho!
- Tienes toda la razón (del mundo).
- Me parece muy bien/muy acertado.
- Creo que estás en lo cierto.

Expresar desaprobación
- No esperes que…
- Olvídate de…
- No me parece bien…
- No lo considero del todo acertado/apropiado…
- Creo que te equivocas.
- Creo que no es exactamente así.

2. Elige una de estas opciones:

- Piensa en un tema y escribe un poema de ocho versos donde las palabras rimen. Después, recítalo en voz alta delante de la clase.
- Elige un poema de un escritor hispano que te guste y recítalo en clase. Justifica por qué lo has elegido.

Estrategias de expresión oral
Recitar en voz alta

- Comprueba la pronunciación de las palabras con un diccionario.
- Utiliza un tono de voz claro.
- Mantén un ritmo de lectura apropiado para que el público pueda seguir lo que dices.
- Haz pausas durante la lectura y aprovecha esos momentos para establecer contacto visual con el público.

¡A debate!

Elegid una de estas propuestas y debatidla en clase.

La piratería musical
- ¿Por qué existe?
- ¿Es solamente culpa de las nuevas tecnologías o tiene algo que ver la actitud de la gente?
- ¿Se erradicaría si se redujera drásticamente el precio de la música?
- ¿Cómo contrarrestarías sus efectos en el mercado discográfico?

Un cantante, ¿nace o se hace?
- Todo el mundo vale para esta profesión. Cantar es cuestión de técnica y se aprende como cualquier otra actividad.
- ¿Qué te parecen los artistas que han surgido de los concursos televisivos?
- ¿Es posible triunfar en el mundo de la música sin tener buena voz?

Durante tu intervención deberás:
- Dar tu opinión.
- Expresar tus gustos y preferencias.

Recursos Comunicativos

Expresar gustos e intereses
- Me agrada/encanta/fascina...
- Adoro...
- Me llama la atención...
- No me dice nada/gran cosa...

Expresar preferencias
- Si tengo/tuviera que elegir/Puestos a elegir...
- Me inclino por...
- Tengo/Siento debilidad por...
- No hay color.
- Ni punto de comparación.

Tema 5

Cuestiones previas

- ¿A qué retos se va a enfrentar la ciencia en el siglo XXI? ¿Cuáles crees que se van a alcanzar y cuáles no?

- ¿Crees que la ciencia puede explicar las emociones y los sentimientos humanos?

- ¿Crees que las disciplinas científicas son superiores a las disciplinas humanísticas?

- ¿Te parecería positivo que la ciencia consiguiera explicarlo todo, o crees que deben seguir existiendo algunos misterios?

La expresión *a ciencia cierta* se utiliza cuando:

- **A.** No se tiene toda la información sobre un tema.
- **B.** Se dispone de todos los datos numéricos.
- **C.** Se sabe algo con seguridad y certeza.

A ciencia cierta

"¿Por qué nos gusta alguien en concreto entre todos los demás?".

"Amor y odio son muy parecidos".

"Hay que estar dispuesto a enamorarse".

"Cuando nos enamoramos, somos posesivos".

"Los hombres se enamoran más deprisa".

"La gente tiende a enamorarse de quien tiene alrededor, de personas misteriosas".

En Portada

La entrevista

1. **a.** Lee las preguntas que le formula Eduardo Punset a la doctora Fisher y relaciona cada una con su respuesta adecuada.

Helen Fisher   *Eduardo Punset*

Relaciona cada dato con uno de estos personajes y reconstruye oralmente sus biografías.

- Nació en Canadá, 1945.
- Nació en Barcelona, 1936.
- Trabajó para la BBC, The Economist y el FMI.
- Docente de Ciencia, Tecnología y Sociedad.
- Director y presentador del programa de divulgación científica Redes.
- Docente de Antropología de la Universidad Rutgers.
- Experto mundial en la biología del amor y la atracción.
- Conferenciante Tecnología, Entretenimiento, Diseño en 2008.
- Político y ministro durante la transición política (finales de los 70).

Adaptado de varias fuentes

La química del amor

Preguntas

1. ¿Por qué nos gusta alguien en concreto entre todos los demás?

2. Los hombres se enamoran más deprisa que las mujeres. ¿Tiene esto una explicación evolutiva?

3. ¿Los dos entonces son igualmente apasionados?

4. Increíble. O sea, que las imágenes visuales son más importantes que el olor, por ejemplo.

5. ¡Y es verdad que se acuerdan!

6. ¿Y qué le sucede al cerebro cuando alguien está realmente loco de amor?

7. Pero ¿realmente es todo química?

8. En el cerebro, el amor y el odio se parecen mucho. De hecho, si se analizan los ciclos cardiacos de una persona, no se puede apreciar la diferencia...

9. Helen, hay algo en lo que todo el mundo estaría de acuerdo: es lo que tú llamas *el impulso sexual general*. Sin él no habría niños y los genes no se perpetuarían.

Respuestas

a. Hallamos actividad en muchas partes del cerebro, pero lo más importante está cerca de su base, en el área ventral tegmental, donde se produce la dopamina, un estimulante natural que proporciona sensaciones de plenitud, euforia y cambios de humor.

b. Son muy parecidos: amamos a la persona y la odiamos al mismo tiempo. Cuando amamos u odiamos, concentramos nuestra atención, nos obsesiona pensar en ello. Tenemos una gran cantidad de energía, nos cuesta comer y dormir.

c. Tengo que decir que sí. Cada vez que producimos un pensamiento, tenemos una motivación, o experimentamos una emoción, siempre se trata de química. Por ejemplo, aunque se pueden conocer todos y cada uno de los ingredientes de un pastel de chocolate, todavía nos gusta sentarnos y comerlo. De la misma manera, podemos conocer toda la química que hay detrás del amor romántico –todavía no la conocemos toda, pero estamos empezando a hacerlo en parte– y todavía ser capaces de captar toda su enorme magia.

d. … y nos acordamos. Y nos llamamos las unas a las otras por teléfono, y lo recitamos, para estar seguras de que nos acordaremos. Es un mecanismo de adaptación que las mujeres probablemente han poseído durante cuatro millones de años, para conseguir al hombre adecuado.

e. Es una pregunta muy difícil. Sabemos que interviene un componente cultural muy importante. El momento también lo es. Hay que estar dispuesto a enamorarse. La gente tiende a enamorarse de quien tiene alrededor, de personas misteriosas, que no se conocen bien.

f. Sí, y es diferente del amor romántico y del afecto. Este impulso evolucionó para que saliéramos a buscar a nuestras parejas. Creo que el amor romántico es el impulso verdadero, porque emana del cerebro primitivo y es más fuerte que el impulso sexual. Cuando estamos locamente enamorados, queremos mantener relaciones con nuestra pareja, pero lo que realmente queremos es que nos llame por teléfono, que nos invite a cenar, y que se cree una unión emocional. De hecho, una de las características principales del amor romántico es el deseo de contacto y de exclusividad. Cuando nos enamoramos, pasamos a ser realmente posesivos.

g. Sí, pero en ellos descubrimos una mayor actividad cerebral asociada con la integración de los estímulos visuales. Eso tiene sentido: el negocio de la pornografía se apoya en los hombres, y las mujeres se pasan la vida intentando agradarles con su aspecto.

i. No, no estoy segura. Lo cierto es que somos animales con un sentido del olfato reducido. Por eso lo llaman *amor a primera vista,* no *amor a primera olida.* Pero en las mujeres descubrimos una mayor actividad en tres áreas diferentes, asociadas con la memoria y la rememoración, no simplemente con la capacidad de recordar. Al principio no lo entendí, pero luego pensé que, durante millones de años, una mujer no podía mirar a un hombre y saber si podía ser un buen padre y un buen marido. Para saberlo, tenía que recordar. Tenía que recordar lo que había dicho el último Día de San Valentín, cómo se había comportado con anterioridad, etc.

h. Sí. Ellos son tan apasionados como puedan serlo las mujeres aunque, en efecto, se enamoran más rápido. Existen algunas diferencias de género, aunque no en el aspecto pasional, porque tienden a sentir lo mismo…

Adaptado de www.eduardpunset.es

b. Escucha y comprueba.
7

Ahora tú

- ¿Crees en la química del amor?
- ¿Estás de acuerdo con la idea de que cuando se está enamorado se produce un deseo de exclusividad?
- A partir de lo que has leído, ¿crees que los científicos son capaces de analizar el amor?
- ¿Cuál de las respuestas de la doctora Fisher te ha llamado más la atención?

1. Estos verbos se suelen utilizar para hablar de ciencia. Identifica los sinónimos y escribe el sustantivo derivado para cada una de las formas verbales.

• localizar • idear • recopilar • demostrar • respaldar • explicar • *registrar* • verificar

verbo	sinónimo	sustantivos derivados	
1. patentar	*registrar*	*la patente*	*el registro*
2. detectar			
3. probar			
4. comprobar			
5. exponer			
6. seleccionar			
7. avalar			
8. inventar			

2. El léxico científico contiene términos de otras lenguas. Observa estos prefijos griegos.
a. Identifica cada uno con su significado.

prefijo

1. *antropo-*
2. auto-
3. biblio-
4. bio-
5. cosmo-
6. crono-
7. dermo-/dermato-
8. gast-/gastro-
9. macro-
10. micro-
11. poli-

significado

a. relacionado con la vida.
b. relacionado con el tiempo.
c. grande.
d. relacionado con el mundo.
e. *relacionado con el hombre.*
f. relacionado con el estómago.
g. pequeño.
h. relacionado con los libros.
i. relacionado con la piel.
j. que tiene varios.
k. relacionado con uno mismo.

b. Piensa en una palabra compuesta por ese prefijo y defínela.

> Antropología: ciencia que estudia los aspectos sociales del ser humano.

3. Los siguientes términos son de origen latino. Relaciona cada uno con su significado.

1. corpus
2. en flagrante
3. lapsus
4. ipso facto
5. memorándum
6. quid
7. dúplex
8. in vitro

a. Falta o equivocación cometida por descuido.
b. Por el hecho mismo, inmediatamente, en el acto.
c. Obra, colección; conjunto extenso y ordenado de datos o textos científicos, literarios, etc., que pueden servir de base a una investigación.
d. En el mismo momento de estarse cometiendo un delito, sin que el autor haya podido huir.
e. Esencia, punto más importante o porqué de una cosa.
f. Producido en el laboratorio por métodos experimentales.
g. Aquello que debe ser recordado; librito o cuaderno en donde se apuntan las cosas de las que uno tiene que acordarse.
h. Doble. En un edificio, vivienda de dos pisos superpuestos y unidos por una escalera interior.

oras **más palabras** más palabras **más mas palabras** **más palabras** más palabras más palabras más palabras más palabr
MÁS PALABRAS más palabras más palabras más palabras **más palabras** más palabras más palabras más palabras más pala
palabras más palabras **más palabras** más palabras **más palabras** más palabras más palabras **más palabras** más pala
alabras *más palabras* más palabras más palabras más palabras **más palabras** más palabras
ras más palabras más palabras palabras más palabras **más palabras** más palabras más palabras *más palabras* más palabras **más palabras**
más palabras

4. La locución *a ciencia cierta* comienza por *a* como las siguientes. Clasifícalas según su significado.

- a rebosar • a plazos • a empujones • a escote • a la primera de cambio • a patadas • a precio de oro
- a corto/medio/largo plazo • a chorros • a la pata coja • a granel • a las tantas • a fuego lento
- a gatas • a palos • a la cubana • a hurtadillas • a la romana

Locuciones de modo

caminar	cocinar	golpear	pagar
a cuatro patas	*a la madrileña*	*a codazos*	*a medias/a partes iguales*

Locuciones de cantidad	Locuciones de tiempo
a cántaros	*a partir de ahora*

5. Completa estas frases con una de las locuciones anteriores según el contexto.

1. Otra vez ha vuelto a subir el precio de los billetes en todos los medios de transporte.
   Está todo ....

2. Como era un bebé y no sabía caminar, llegó hasta el salón .... No entiendo cómo un niño tan pequeño no se hace daño en las rodillas.

3. Antes muchos productos se vendían sin envase. Recuerdo que mi abuela compraba la colonia .... , algo que hoy en día nos resultaría un tanto extraño.

4. No me lo puedo creer. El teléfono ha vuelto a sonar .... otra vez. No han dicho nada, y luego han colgado. ¿Quién podrá ser a estas horas?

5. Estos calamares .... están deliciosos. ¿Los has probado?

6. Pensaba que casi no iría gente al concierto de música clásica, pero para mi sorpresa estaba ....

7. Llevaba dos bolsas llenas de regalos y entró en la habitación .... para que los niños no se despertaran.

8. Parece que al final la empresa no va a costear los gastos de la cena de Navidad, así que nos tocará pagar ....

9. No había manera de salir del vagón del metro. No podía ni moverme un milímetro de donde estaba, así que no me quedó más remedio que salir ....

10. Hoy ha venido la jefa y .... me ha preguntado dónde me había comprado esta camiseta. ¿No lo encuentras un poco raro? Tampoco es que tenga tanta confianza con ella.

Destacado! El mundo de.

1. Las siguientes afirmaciones muestran algunos avances científicos, pero hay tres falsas. Decide cuáles.

1. En 2012 se halló un cuerpo extraterrestre no identificado en el pueblo ruso de Kamensk.   **V**   **F**

2. Se han creado teclados para ordenador que se pueden lavar bajo el agua.   **V**   **F**

3. Los japoneses han construido una ciudad inteligente que puede convertirse en nave aérea propulsada por el biohidrógeno que produce.   **V**   **F**

4. Una empresa barcelonesa tiene previsto poner en órbita un hotel espacial cuyos inquilinos darán una vuelta al mundo cada 90 minutos y verán 16 atardeceres cada día.   **V**   **F**

5. Existe una aplicación móvil para saber si hay medusas en la playa.   **V**   **F**

6. Investigadores norteamericanos crearon en 2011 las primeras lentillas con pantalla que se pueden conectar al ordenador.   **V**   **F**

7. Existen ordenadores capaces de interpretar las ondas cerebrales de una persona y pronunciar las palabras que esta ha pensado o escuchado.   **V**   **F**

8. Un investigador español ha demostrado recientemente que es posible llenar el depósito del coche con residuos alimenticios convertidos en biocombustible.   **V**   **F**

9. En China puedes alojarte en un hotel donde solo trabajan robots.   **V**   **F**

10. Un fabricante de automóviles de la India ha desarrollado un vehículo que se alimenta con aire comprimido.   **V**   **F**

Ahora tú

- ¿Cuál de las noticias verdaderas del ejercicio anterior te ha sorprendido más?
- De los inventos y descubrimientos anteriores, ¿cuál te gustaría tener o probar? ¿Cuál te parece el más inútil o absurdo?
- Si pudieras inventar o descubrir algo, ¿qué te gustaría que fuera?

2. Lee las siguientes opiniones y señala con cuáles estás a favor y con cuáles no y escribe un breve argumento que apoye tu postura. Coméntalo en clase.

1. Los gobiernos deberían dedicar menos fondos a la exploración espacial y más a la investigación en nuestro planeta. No creo que ser capaces de llegar a otros lugares en el espacio nos aporte nada bueno a corto plazo.

a favor ☐   argumento: _____
en contra ☐   _____

2. Si experimentar con cien personas y arriesgar sus vidas puede significar que se salven miles, entonces deberíamos empezar a hacerlo cuanto antes.

a favor ☐   argumento: _____
en contra ☐   _____

3. Si se produjera una pandemia mundial, una buena medida sería que a la gente infectada se le implantara un microchip para poder controlarla.

a favor ☐   argumento: ....
....
en contra ☐   ....

4. Si tuviera un familiar gravemente enfermo y pudiera salvarle gracias a la investigación con células madre, lo haría.

a favor ☐   argumento: ....
....
en contra ☐   ....

5. Cuando una persona está enferma con gripe y decide ir al trabajo, en lugar de quedarse en casa, debería ir con una mascarilla todo el día para no contagiar a los demás. Es lo que hacen, por ejemplo, en Japón.

a favor ☐   argumento: ....
....
en contra ☐   ....

6. La experimentación con animales ha permitido avanzar en el diagnóstico y tratamiento de muchas enfermedades que antes no se podían curar. Debemos seguir por este camino a cualquier precio.

a favor ☐   argumento: ....
....
en contra ☐   ....

3. Elige una noticia de divulgación científica reciente de cualquier país hispanohablante y prepara una presentación oral a partir de estas indicaciones.

**Estrategias de expresión oral
Presentar una noticia**

- Selecciona una noticia, lee con atención su contenido e identifica el área científica a la que pertenece: salud, ecología, ciencia y tecnología, medicina, biología, etc.

- Prepara un esquema para presentar la noticia en 5 minutos. Durante la presentación debes:

  - Explicar por qué has escogido la noticia.
  - Leer el titular y explicar qué es lo quiere decir.
  - Mencionar la fuente (periódico, revista, etc.), y el país al que pertenece.
  - Resumir con tus propias palabras la noticia.
  - Hacer referencia a tres palabras clave de tu investigación, al final de tu exposición.

INVENTOS

1. Eres miembro del jurado del concurso internacional *El mejor invento del siglo.*

  a. Lee los textos y complétalos con estos términos.

• hambruna • individuo • dispositivos • desérticas • progenitores • zonas • sonidos • peatonal • boca • genética • palo • aparato • cuerpo • altavoz • semillas • producción • microgotas • inmunológicas • caramelos y dulces • implantación • grano • calidad • pelota • humano

1. Chile

Esta invención del físico Carlos Espinoza se utiliza en las zonas (1) _____ y su función es atrapar las (2) _____ _____ de agua de la neblina. Se usa en (3) _____ como el desierto del Néguev en Israel o el desierto de Atacama en Chile, además de Ecuador, Guatemala, Nepal, algunos países de África y la isla de Tenerife.

2. España

A finales de los 50, los (1) _____ eran de diferentes formas y colores. Los niños se los sacaban de la (2) _____ para mirarlos ocasionalmente, para hablar con sus amigos, para ocultarlos de sus padres o para ponerlos en sus bolsillos y guardarlos para después. Así es como Enric Bernat Fontlladosa tuvo la idea de hacer uno que se pudiera agarrar con un (3) _____ de madera. En un primer momento pensó llamarlo *gol*, porque el caramelo era como una (4) _____ de fútbol y la boca abierta como la red de la portería. Esta idea no se consideró atractiva y una agencia de publicidad dio con su nombre actual.

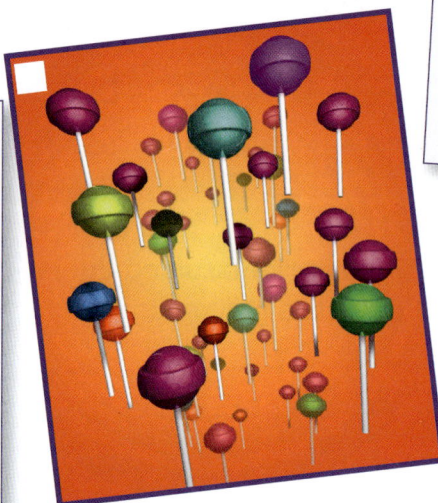

3. México

Creado por la científica Evangelina Villegas, tiene el doble de (1) _____ y el doble proteínica y un 10% más de (2) _____ de aminoácidos esenciales que el común. En América Latina y África ya se ha cultivado. En México, se cuenta con 3 000 hectáreas para producir (3) _____ de la mencionada especie, y se espera que en tres años más la (4) _____ se quintuplique. A la vez se siembra en 11 países más, entre ellos China, Brasil, Guatemala, El Salvador y Ghana. Este nuevo producto es un instrumento en la lucha contra la (5) _____ en el mundo.

E INVENTORES

4. Colombia

En 1958 el ingeniero electrónico Jorge Reynolds Pombo inventó el primer (1) .... externo con electrodos internos, mientras que la primera (2) ....
clínica de un dispositivo interno en un (3) ....
fue hecha por el cirujano Åke Senning ese mismo año. En sus orígenes, era tan grande que el paciente tenía que llevarlo consigo fuera de su (4) ....

5. Argentina

Creado por Mario Dávila en 1983. Estos (1) ....
...................................., conectados a un ordenador, emiten dos (2) .... diferentes para indicar cuándo está en verde y cuándo está en intermitente. Para saber si es sonoro o no debe palpar el poste en busca del (3) .... Algunos incorporan una flecha en relieve que vibra e indica la dirección correcta del cruce (4) ....

6. Venezuela

Baruj Benacerraf ganó el Premio Nobel en 1980 en Física y Medicina por sus descubrimientos relacionados con estructuras determinadas por la (1) .... en la superficie de la célula que regulan las reacciones (2) ....
Es decir, demuestra que la respuesta inmune frente a un antígeno es distinta para cada (3) ....
.... y es heredada según las leyes de Mendel. Todos los individuos pueden responder frente a un mismo antígeno soluble, pero cada uno reconoce distintos determinantes antigénicos. Ese patrón de reconocimiento individual es heredado de los (4)

....

b. Observa las fotos y relaciona cada invento con su texto correspondiente.

c. Decide cuál ganará el primer premio, el segundo y el tercero. Justifica tu respuesta.

Cierre

Comentar gráficos

1. Observa la tendencia que marcan estos gráficos y clasifica los siguientes verbos en el lugar adecuado.

- disminuir • decrecer • aumentar • desaparecer • crecer • conservar(se)
- remontar • perdurar • incrementar(se) • reducir(se) • quedar(se)
- mermar • permanecer • escalar • persistir

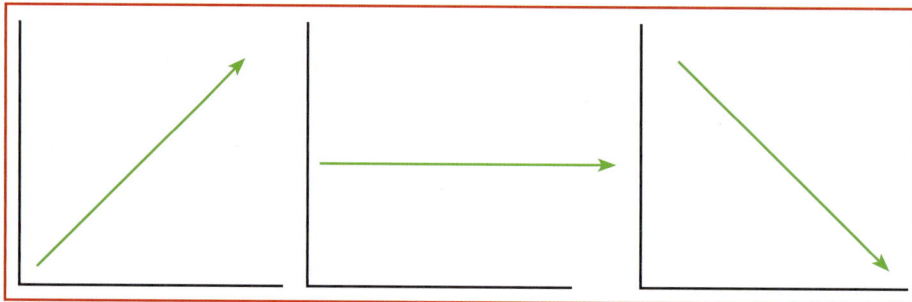

1. Creciente
subir, ...

2. Estable
mantener(se), ...

3. Decreciente
bajar, ...

2. Escribe el adjetivo que corresponde a cada adverbio. Indica si se refiere a un cambio progresivo (P) o considerable (C).

1. constante > constantemente — **P**
2. rápido > rápidamente — **C**
3. .... > gradualmente ____
4. .... > levemente ____
5. .... > repentinamente ____
6. .... > incesantemente ____
7. .... > moderadamente ____
8. .... > sustancialmente ____
9. .... > significativamente ____
10. .... > considerablemente ____
11. .... > drásticamente ____
12. .... > bruscamente ____

3. a. Observa los siguientes gráficos e interprétalos oralmente.

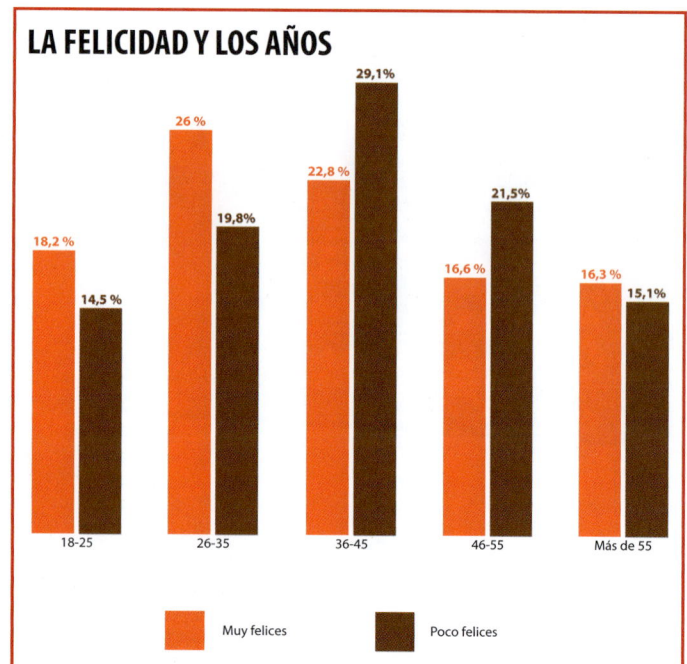

LA FELICIDAD Y LOS AÑOS

	18-25	26-35	36-45	46-55	Más de 55
Muy felices	18,2%	26%	22,8%	16,6%	16,3%
Poco felices	14,5%	19,8%	29,1%	21,5%	15,1%

orales

LO MÁS IMPORTANTE PARA OBTENER LA FELICIDAD SEGÚN EL SEXO

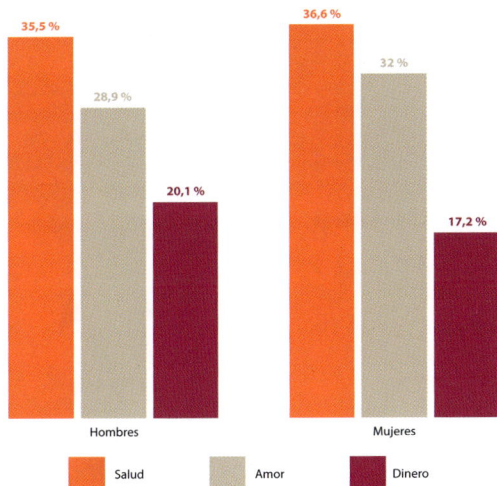

Hombres: Salud 35,5 %, Amor 28,9 %, Dinero 20,1 %
Mujeres: Salud 36,6 %, Amor 32 %, Dinero 17,2 %

Salud — Amor — Dinero

b. ¿Hay algo en los gráficos anteriores que te llame especialmente la atención? ¿Estás de acuerdo con todos los datos que aparecen? ¿Se corresponden con lo que te ocurre a ti? Escribe un informe contrastando estos datos con los de tu país.

Recursos Comunicativos

Destacar un elemento

- Los siguientes datos corroboran que...
- A partir de los datos ofrecidos podemos constatar que...
- Como se deduce/observa en el gráfico/la imagen siguiente/precedente...
- Un primer vistazo nos indica que...
- Este gráfico representa/refleja/describe/muestra...
- Aquí/En esta diapositiva es posible distinguir claramente...
- Este gráfico ofrece una explicación...
- De los datos se desprende que...

Llamar la atención sobre algo

- Me gustaría mostrar(os)... detalladamente...
- Quisiera llamar la atención sobre/acerca de...
- Si se observa de cerca, es posible notar...
- Vale la pena recalcar/fijarse en...
- Hay que destacar/tener en cuenta...

¡A debate!

Elegid una de estas propuestas y debatidla en clase.

La ciencia, ¿hasta dónde se puede llegar?

- Límites para la ciencia y para los científicos.
- Hay que hacer todo lo posible para que el ser humano encuentre respuestas.
- Investigar demasiado puede tener consecuencias negativas para el ser humano.

Religión no es sinónimo de *ciencia*

- Las religiones y su oposición a ciertos avances científicos.
- Compatibilidad entre ciencia y religión.
- Qué hacer cuando la religión interfiere en el trabajo de un científico.

Durante tu intervención deberás:

- Expresar tu opinión.
- Reaccionar ante la opinión de tus compañeros mostrando hartazgo o sorpresa.

Recursos Comunicativos

Expresar hartazgo

- Resulta inaceptable/inadmisible el hecho de que...
- Esto (ya) es la gota que colma el vaso.
- Hasta aquí hemos llegado.
- Por esto/ahí no paso.

Expresar sorpresa

- Me sorprendo/Me asombro de que...
- Me parece inaudito que...
- Nunca hubiera imaginado que...
- No deja de sorprenderme que...
- ¡Qué me dices! Hay que ver...

- ¿Crees que verse absorbido por un trabajo es algo habitual de una sociedad moderna?

- ¿Es cierto que las empresas están ganando terreno sobre la vida familiar de las personas?

- ¿Consideras que la vorágine social impulsa que haya jornadas laborales más extensas y provoca cambio de hábitos, crisis de valores y replanteamiento de prioridades?

- ¿Crees que el hecho de tener que optar entre la familia y el trabajo puede provocar falta de motivación, aumento del absentismo laboral, poca creatividad y mal ambiente laboral? ¿Cómo afecta o puede afectar esto a las empresas?

Sumario

En portada
Biografía y entrevista a la escaladora Edurne Pasaban y su camino a la cima.

Más palabras
Cualidades para desempeñar algunas profesiones.
Decálogo del buen emprendedor.

Destacado
El mundo de la actualidad laboral.

ESPECIAL MUNDO HISPANO
Profesionales del deporte.

Cierre
Expresión e interacción orales
- Conversación telefónica.
- Argumentar sobre el pluriempleo.
- Debate. Profesiones para todos los gustos.

La expresión *Trabajar para vivir o vivir para trabajar* significa *trabajar lo necesario* o...

- **A.** Intentar compaginar la vida con el trabajo.
- **B.** No tener vida a causa del trabajo.
- **C.** No tener una vida laboral interesante.

¿Trabajar para vivir o vivir para trabajar?

"Elige un trabajo que te guste y no tendrás que trabajar ni un día de tu vida".

Confucio, filósofo chino

"Trabajo deprisa para vivir despacio".
M. Caballé, cantante española de ópera

"Lo que con mucho trabajo se adquiere más se ama".

Aristóteles, filósofo griego

"El trabajo sin prisa es el mayor descanso para el organismo".
G. Marañón, médico español

"Dichoso el que gusta las dulzuras del trabajo sin ser su esclavo".
B. Pérez Galdós, escritor español

En Portada

Edurne Pasaban

Con estos datos, reconstruye oralmente la biografía de Edurne Pasaban. ¿Cómo crees que le han influido sus diferentes profesiones?

- Tolosa (País Vasco, 1973).
- Licenciada en Ingeniería Industrial (Universidad del País Vasco), Máster en Recursos Humanos (ESADE Business School) y profesora asociada del Instituto de Empresa.
- Retos deportivos:
  - 2001 Everest, primer pico de más de ochomil metros.
  - 2003 Tres ochomiles: Lhotse y los dos Gasherbrum.
  - 2004 K2 (8 611 metros, cordillera del Himalaya).
  - 2010 Shisha Pangma (más de ochomil metros).
  - 2010 Primera mujer en subir los 14 picos de más de ochomil metros.
- Premios: Medalla de Oro al Mérito Deportivo; Premio Reina Sofía a la Mejor Deportista del Año en 2011.
- Empresaria: pequeño hotel rural y restaurante en el País Vasco, Abeletxe.

Adaptado de http://www.edurnepasaban.com/ edurne-pasaban/biografia

La entrevista

1. a. Escucha la entrevista a Edurne y marca la opción correcta.

🔘 8

1. El número de montañas de más de 8 000 m que ha escalado es de:

   a. doce   **b.** catorce   **c.** quince

2. Después de alcanzar su sueño, se va a dedicar a:

   a. montar una empresa   **b.** viajar   **c.** impartir conferencias

3. El programa televisivo que filmó algunos de sus logros se llama:

   a. *Al filo de lo imposible*   **b.** *Al hilo de lo imposible*

   c. *Al fondo de lo imposible*

4. ¿Qué tipo de enfermedad sufrió Edurne?

   a. migrañas   **b.** gastroenteritis   **c.** depresión

5. La alpinista que intentó robarle el récord es de:

   a. Japón   **b.** Estados Unidos   **c.** Corea del Sur

6. El día que sube una montaña lleva siempre:

   a. una camisa   **b.** un peluche   **c.** un amuleto

7. Por dedicarse al alpinismo, siente que ha descuidado su vida:

   a. sentimental   **b.** familiar   **c.** en pareja

2. Lee ahora la entrevista y complétala con los fragmentos que te damos.

Edurne Pasaban: «El amor es la cima que me falta»

Guipuzcoana de nacimiento, es ingeniera por la Universidad del País Vasco y su futuro estaba al frente de la empresa familiar, **1.** ....

Has superado los 14 ochomiles, ¿qué metas te has propuesto alcanzar ahora?
Voy a dedicar más tiempo a otras cosas, como dar conferencias en el mundo de la empresa: **2.** ....

¿Tanto se parecen la empresa y la alta montaña?
Hay más paralelismo de lo que uno piensa. El proyecto 14 x 8 000, al final, se parece mucho a montar una empresa. Me explico: teníamos

esa meta, y para conseguirla, hemos formado un equipo comprometido y a mí me ha tocado hacer el papel de líder. **3.** _____

Hablando de riesgos... lo de irse a la montaña con el equipo de *Al filo de lo imposible*, **cámara al hombro... ¿no tiene algo de** *Gran Hermano*?
Bueno... Nosotros hemos hecho que el alpinismo se acerque más a todo el mundo. **4.** _____

¿Cómo se reciben esas malas noticias?
Es muy difícil. En este deporte tienes relaciones muy intensas, pero también te roba a muchos amigos... Si algo pasara durante una de mis expediciones, intentaría por todos los medios no abandonar nunca a un compañero, **5.** _____

¿Y en casa qué te dicen?
No es que mi madre eche cohetes, pero se alegra de verme feliz... y más cuando has atravesado una depresión y te ha visto mal. Estuve a punto de dejarlo todo. **6.** _____

¿Y qué me dices de Oh Eun Sun, la alpinista surcoreana que reclamaba haber completado antes que tú la ascensión a las 14 cimas?
Parece que también las hizo, pero sin llegar a la cima; así que yo sería la primera mujer en conseguirlo. Pero en mi caso esto pasa a ocupar un segundo lugar, **7.** _____

Muchos deportistas de élite tienen pequeños rituales que les acompañan en sus victorias. ¿Cuál es el tuyo?
Se trata de unas pequeñas manías que solo mis compañeros y mis familiares conocen, y que al día de hoy me han traído suerte, **8.** _____

Te quejas de tu vida amorosa. ¿Afortunada en la montaña, desafortunada en amores?
Seguramente. Es una cuestión de dedicar tiempo a una cosa y a otra. Es verdad que no le he dedicado mucho tiempo a mi vida sentimental, **9.** _____

Adaptado de la entrevista de V. Drake para XL Semanal

d. motivacionales, de equipo, sobre cómo gestionar momentos complicados...

e. pero la montaña se cruzó en su camino. Es la primera mujer que ha coronado los 14 ochomiles.

f. como subir siempre junto a un pequeño peluche. Otra es la de utilizar siempre la misma camiseta el día de la cumbre.

g. Así que eso es lo que explico en mis conferencias: cómo hemos funcionado juntos, cómo gestiono el riesgo. ¡Ahora mismo, las empresas viven muchos riesgos!

h. pero es difícil situarse en lo que puede ocurrir a 8 000 metros. El miedo siempre está presente, y es complicado gestionarlo. Sin embargo, hay que saber identificarlo, porque siempre es por algo.

i. Hasta hace algunos años, la montaña solo aparecía en la prensa cuando ocurría una desgracia muy dura.

a. y todavía no he encontrado a mi media naranja. Quizá esa sea la gran cima que me falta.

b. porque lo que quiero es que la gente entienda lo que he hecho y por qué: era un proyecto de vida, algo que me daba ganas de vivir. Y ha sido así.

c. Nunca pensé que entraría en una enfermedad como esa. Es un mundo totalmente desconocido que no puedes entender hasta que te pasa. Estuve a punto de tirar la toalla, pero la gente que me apoyó me hizo abrir los ojos.

Ahora tú

- ¿Qué retos de la biografía de Edurne Pasaban te sorprenden más? ¿Qué cualidades crees que ha tenido que tener para compaginar sus diferentes facetas laborales? ¿En qué te gustaría destacar a ti?

1. a. La profesión de Edurne no es muy común. Aquí tienes otras profesiones poco habituales. Describe, al menos, tres funciones de cada una.

1. Psicólogo canino

2. Probador de videojuegos

3. Estilista culinario

b. ¿Cuáles de las siguientes cualidades debería tener una persona que ejerce cada una de las profesiones anteriores? Justifica tu respuesta.

- creatividad
- disciplina
- persistencia
- exhaustividad
- eficiencia
- rapidez
- disponibilidad
- intuición

- humildad
- paciencia
- empatía
- respeto
- estabilidad emocional
- elegancia
- improvisación

2. Una persona emprendedora debe poseer diferentes cualidades. Relaciona cada una de las siguientes con la información adecuada.

- decisión • perseverancia • creatividad • flexibilidad • seguridad • organización • responsabilidad • colaboración • curiosidad • autonomía

DECÁLOGO
DEL BUEN EMPRENDEDOR

1. No te quedes esperando a que se te indique qué debes hacer. Si crees que tienes una buena idea, busca todos los medios y todos los apoyos para llevarla a la práctica. _____

2. Crea un ambiente de trabajo positivo. Confía en los demás para conseguir juntos un objetivo. Comunica tus ideas, contagia tu entusiasmo al equipo y aprende de lo que tienen que decir los demás. _____

3. A veces está bien improvisar, pero necesitarás una estructura inicial que se modifique en función de las circunstancias y de los imprevistos. Ten una hoja de ruta con los pasos que vas a seguir para montar tu empresa. _____

4. Actualmente se valora mucho la originalidad y la innovación. Es importante que tu idea aporte algo nuevo. Las ganas de mostrar nuevas alternativas y posibilidades se premian. _____

más palabras más palabras más palabras más mas palabras más palabras más palabras más palabras más palabras más palab
más palabras MÁS PALABRAS más palabras más palabras más palabras MÁS PALABRAS más palabras más palabras más palabras más palabras más palabras
palabras más palabras más palabras palabras más palabras más palabras más palabras más palabras más palabras más palabras palabr
palabras más palabras más palabras más palabras más palabras más palabras más palabras más palabras más palabras más palabras
bras más palabras más palabras palabras más palabras más palabras más palabras más palabras más palabras más palabrasm
más palabras

5. Tanto en tus conocimientos como en tus decisiones, muestra autoconfianza en todo momento. No transmitas debilidad, esto puede desanimar a tus colaboradores. _____

6. Intenta averiguar cómo han triunfado otros de tu mismo sector. Infórmate sobre sus comienzos e intenta conocer su trayectoria. _____

7. Amóldate a las circunstancias y organiza tus actividades en función de ellas, así lograrás crear un ambiente de trabajo compatible con tu vida personal. _____

8. Si las cosas no salen como esperabas, intenta buscar otras maneras de alcanzar el mismo objetivo. Si otros lo han conseguido, tú también puedes. La constancia es la clave del éxito. _____

9. Es importante trabajar bien en equipo, pero tendrás que estar preparado para trabajar solo. Es necesario aprender a no depender siempre de los demás y a valorar lo que uno es capaz de conseguir por sí mismo. _____

10. Comparte los éxitos y asume tus fracasos sin culpar a los demás. Lo importante es aprender de cada experiencia. _____

3. Relaciona las siguientes cualidades con su sinónimo. Luego, escribe el adjetivo derivado de cada sustantivo.

- adaptabilidad • compromiso • persistencia • cooperación
- independencia • observación • planificación • resolución
- firmeza • originalidad

sustantivo	sinónimo	adjetivos derivados
1. decisión		*decidido*
2. colaboración		
3. organización		
4. creatividad		
5. seguridad		
6. curiosidad		
7. flexibilidad		
8. perseverancia		
9. autonomía		
10. responsabilidad		

4. *Tirar la toalla* significa *rendirse* o *darse por vencido*. Relaciona las siguientes expresiones con su significado.

1. ¡No te pongas así! Tampoco tienes que *ahogarte en un vaso de agua* ante cualquier problema.
2. Todavía no sé qué hacer. Lo *consultaré con la almohada* esta noche y te lo confirmo mañana.
3. Creo que con tu idea *has dado en el clavo*. Es justo lo que necesitaba para terminar de decorar el salón.
4. Yo que tú le haría caso porque ella es la que *tiene la sartén por el mango*.
5. Si no le dan el indulto, el político ha amenazado con *tirar de la manta*.
6. Espero que lo hagas tú, si no, *tomaré cartas en el asunto* y hablaré con tus vecinos.
7. Si no terminas el primer plato y *dejas de dar la lata*, te quedarás castigado sin jugar con el perro.
8. En la fiesta había tanta gente que *no cabía ni un alfiler*.

a. Decidirse a hacer algo.
b. Acertar.
c. Haber poco espacio.
d. Meditar algo antes de tomar una decisión.
e. Ejercer el control.
f. Preocuparse excesivamente por las cosas.
g. Molestar.
h. Contar algo que involucra a otras personas.

Destacado!

El mundo de..

1. a. Lee las siguientes declaraciones acerca de la situación laboral actual. ¿Quién hace cada una? Clasifícalas.

Empresarios
declaraciones: _____

Trabajadores
declaraciones: _____

1. Nos hemos comprometido a seguir realizando inversiones en el ámbito de la protección de riesgos laborales para garantizar el bienestar de nuestros trabajadores.

2. La reducción de la plantilla estaba ya prevista, no hay que alarmarse. A veces hay que hacer este tipo de sacrificios para que una empresa pueda seguir funcionando.

3. Tengo tres hijos y una hipoteca, y me cuesta mucho llegar a fin de mes. Además, hoy me han despedido y he tenido que apuntarme al paro.

4. Los becarios pueden llegar a ser tremendamente emprendedores; nosotros hemos sido los primeros en darles espacio para que desarrollen su creatividad.

5. No me encuentro bien. Creo que tengo la gripe, pero tal y como están las cosas ahora mismo no me atrevo a pedir una baja laboral, me podría jugar el puesto de trabajo. ¡Hay que andarse con mucho cuidado!

6. Ahora tienes que dar las gracias por tener un trabajo e ir haciendo currículum. Yo no soy ni mileurista, y mis padres me están ayudando a pagar mi hipoteca mensual de 1 200 euros.

b. Escribe tú una declaración nueva desde uno de los dos puntos de vista.

Tú: _____
_____
_____

Ahora tú

- ¿Qué riesgos laborales podrías sufrir en tu trabajo?
- ¿Conoces a alguien que haya estado en el paro? ¿Qué hacía?
- ¿Has trabajado como becario o has hecho prácticas en alguna empresa? Cuenta tu experiencia.
- ¿Has pedido alguna baja laboral durante tu vida profesional?
- ¿Qué retos crees que tiene que afrontar un mileurista hoy en día?
- ¿Crees que existe el trabajo ideal? ¿Cómo sería ese trabajo en tu opinión?
- Ponte en la piel de un trabajador y de un empresario. ¿Qué harías para mejorar tus condiciones de trabajo?

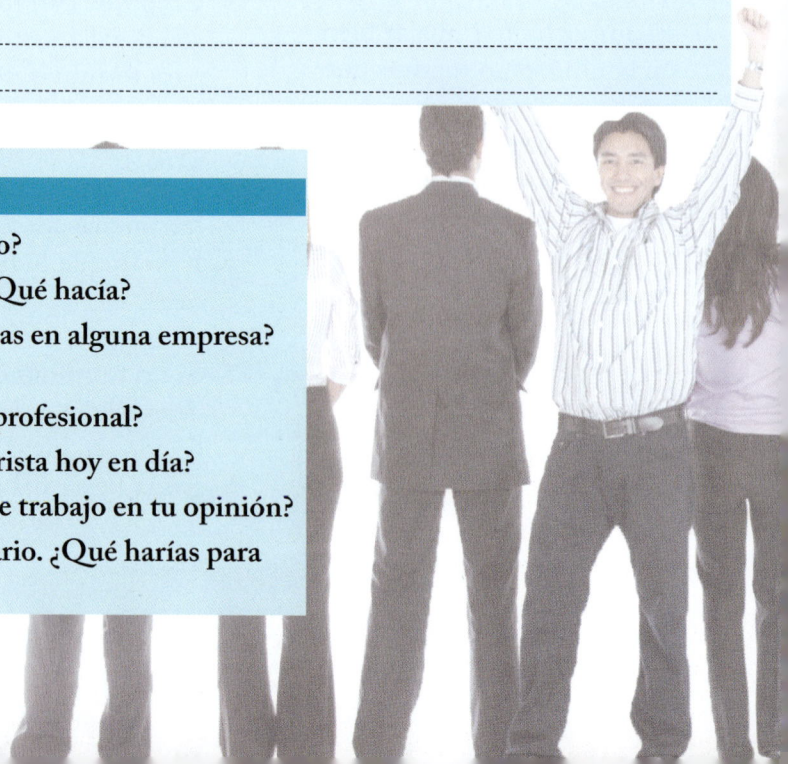

2. a. Une los elementos de las columnas y forma refranes relacionados con el trabajo.

1. *Al que madruga...*	**a.** la cabeza a gobernar.
2. A quien trabaja...	**b.** *Dios le ayuda.*
3. Después del trabajo...	**c.** hijo vago y malgastador.
4. El brazo a trabajar,...	**d.** son la mejor lotería.
5. El que algo quiere...	**e.** el que no ayuda estorba.
6. El que de joven no trabaja...	**f.** viene la alegría.
7. El trabajo y la economía...	**g.** que trabajo y diligencia.
8. En cualquier trabajo u obra,...	**h.** no le falta su paga.
9. No hay mejor herencia...	**i.** algo le cuesta.
10. Padre millonario y trabajador,...	**j.** de viejo duerme en la paja.

b. Lee estas situaciones, ¿qué refrán usarías en cada una?

1. Alguien que acaba de terminar una larga jornada laboral y se va a tomar algo con los amigos. _____

2. Un vecino rico que se queja de que su hijo no hace más que pedirle dinero y no quiere trabajar ni estudiar. _____

3. Un amigo que se levanta tarde y luego se lamenta de que no le da tiempo a terminar lo que tiene que hacer. _____

4. Un treintañero que se dedica a recorrer el mundo con el poco dinero que tiene ahorrado y sin intención de encontrar un trabajo a largo plazo. _____

5. Dos personas: una a la que se le da mejor el trabajo físico y otra que tiene muy buenas ideas. _____

6. Alguien cuyo objetivo es irse a trabajar a un país extranjero, pero que se queja de que tiene que aprender la lengua del país. _____

7. Una persona que se queda mirando a las demás mientras estas trabajan. _____

8. Una persona que durante una crisis económica es ahorradora y tiene un trabajo estable. _____

Ahora tú

- ¿Qué refrán te ha gustado más? Justifica tu respuesta.
- ¿Hay algún refrán similar en tu lengua?
- ¿Qué querías ser cuando eras pequeño? ¿Se ha cumplido tu sueño? En caso negativo, ¿qué te hizo cambiar de parecer?
- ¿Qué debe hacer una persona cuando no se puede dedicar a lo que quiere o a lo que ha estudiado? ¿Debe resignarse?
- ¿Crees que es mejor tener siempre una misma profesión o cambiar cada cierto tiempo?
- ¿A qué te dedicarías si pudieras cambiar de trabajo? Argumenta tu respuesta.

PROFESIONALES

1. a. Lee los siguientes textos y complétalos con el párrafo que falta. Después relaciona cada uno con el deportista al que hace referencia.

1. ☐

Exdeportista profesional, retirada en 2010. Es miembro de la liga LPGA y se la considera la mejor de su país en su disciplina, así como por destacar en un deporte dominado tradicionalmente por los hombres.

2. ☐

Surfista profesional que ganó el campeonato del mundo en el año 2004. Conocida como «la gringa» o «la reina».

3. ☐

Bateador designado en Grandes Ligas que se encuentra en la organización de los Medias Rojas de Boston. Apodado el «Big Papi», jugó anteriormente para los Mellizos de Minnesota (1997-2002).

4. ☐

Nació en Estados Unidos, ha ganado en *softball* los campeonatos olímpicos tres veces. En la especialidad de lanzamiento, contribuyó a que el equipo nacional de Estados Unidos consiguiera la medalla de oro en los Juegos Olímpicos de Atlanta, Sídney y Atenas.

5. ☐

El más grande saltador de altura de todos los tiempos, con una estatura de 1,95 metros. Campeón olímpico en los Juegos Olímpicos de Barcelona 1992 y subcampeón en los de Sídney 2000, también ostenta dos títulos mundiales.

Adaptado de varias fuentes

a.

A partir de 2004 no ha dejado de estar siempre entre los cinco primeros puestos de las mejores clasificadas mundialmente.

b.

Fue en Australia donde consiguió un récord olímpico al marcar 25 puntos en un único partido.

c.

Con solo 34 años de edad decidió poner punto final a una extraordinaria carrera durante la cual sobrepasó 24 veces el listón en 2,40 metros.

d.

Creó una fundación para ayudar a niños con escasos recursos y construyó una escuela primaria y una secundaria que constituyen el Centro Educativo la Barranca.

e.

Ha sido siete veces *All-Star* y cuenta con el récord de jugadas en las que recorre los circuitos completos en una temporada regular dentro de los Medias Rojas con 54 en 2006.

DEL DEPORTE

David Américo Ortiz Arias
República Dominicana

Lisa Fernández
Cuba/Puerto Rico

Lorena Ochoa
México

Sofía Mulánovich Aljovín
Perú

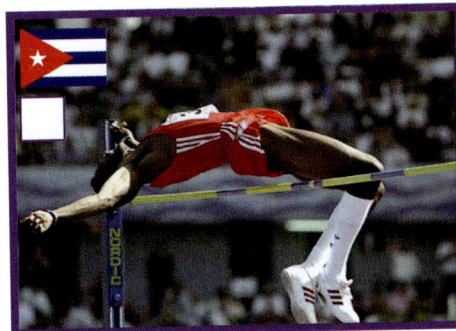

Javier Sotomayor
Cuba

b. Según los textos que has leído, marca si son verdaderas o falsas estas afirmaciones.

	V	F
1. Lorena Ochoa es la mejor jugadora de golf del mundo.		
2. Sofía Mulanóvich dejó de ser la mejor clasificada a partir de 2004.		
3. Con la ayuda de Lisa Fernández, EE. UU. ganó el oro en diferentes JJ. OO.		
4. David A. Ortiz fue siete veces *All-Star* cuando jugaba con los Medias Rojas.		
5. J. Sotomayor decidió dejar su carrera tras conseguir superar 24 veces los 2,40 metros en salto.		

Ahora tú

- ¿Cuál de los deportes sobre los que acabas de leer te parece que requiere un mayor esfuerzo físico o mental?
- ¿Qué es lo que hace que el deporte se considere una profesión?

Expresión e interacción

Conversación telefónica

1. Estás en la oficina y tienes que mantener las siguientes conversaciones telefónicas relacionadas con el trabajo.

Conversación informal

Un compañero de trabajo te llama pidiéndote que por favor le hagas el turno de noche.
Él intentará convencerte, y tú intentarás decirle que no recurriendo a las fórmulas para expresar falta de obligación.
Infórmale de que conoces bien tus obligaciones.

Estrategias de expresión oral conversación telefónica

- Cuida la pronunciación y usa la entonación para transmitir emociones y para suplir la falta de lenguaje no verbal.
- Empieza la conversación con fórmulas como: *Le llamaba para...; Me gustaría hablar con...; Le quería hacer la siguiente consulta...*, etc.
- Comprueba que tu interlocutor te sigue y te entiende, usando fórmulas como: *¿verdad?, ¿no?, ¿me escucha/s?*, etc.
- Haz que tu interlocutor sepa que le estás escuchando a través de expresiones como: *claro, vale, bueno*, etc.

Conversación formal

Tu jefe te llama y tenéis una discusión cordial acerca de las obligaciones laborales de cada uno.
Exprésale que conoces bien cuáles son tus responsabilidades diarias.

Recursos Comunicativos

Expresar (falta de) obligación

- Es mi obligación...
- (No) Estoy obligado a...
- (No) Tengo (la) obligación/necesidad de...
- (No) Es preciso/menester...
- (No) Estoy sujeto a...
- No hay/(me) queda más remedio que...
- Nada/Nadie (me) obliga a...
- No tengo porque...

Expresar conocimiento

- Sé lo que...
- Tengo noticia de...
- He sabido que...
- Estoy al corriente de...
- Hasta donde yo sé...
- Sé de sobra que...
- Según tengo entendido...
- Por lo que yo sé...

orales

Argumentación

2. ¿Qué tiene o no tiene que hacer una persona pluriempleada para llevar una vida satisfactoria y saludable?

En pequeños grupos, decidid con cuál de las dos opiniones estáis de acuerdo y por qué.

Opinión A

«Creo que no es justo que haya gente pluriempleada y que todo el mundo debería tener solamente un trabajo. De esta manera habría menos paro y las personas se centrarían en hacer mejor su empleo. Además, no todo el mundo puede hacer todo tipo de trabajos ni tener varias ocupaciones a la vez».

Opinión B

«Para mí, lo importante es tener dos empleos porque son complementarios y siempre aprendo cosas de los dos. Si solo tuviera uno, seguramente me aburriría. El día da mucho de sí para hacer muchas cosas y creo que todo es cuestión de querer aprender cosas nuevas y de intentar mejorar».

¡A debate!

Elige una de estas propuestas y debátela con tus compañeros.

Profesiones para todos los gustos

- Impulsos que llevan a una persona a decantarse por una profesión.
- Trabajar en casa es igual de productivo que ir a un centro de trabajo.
- Diferencia salarial entre unas profesiones y otras, ¿es justo?
- Ser ama de casa debería estar reconocido como cualquier otra profesión a pesar de no estar remunerado.

Durante tu intervención deberás:

- Dar tu opinión.
- Expresar conocimiento sobre el tema.
- Expresar (falta de) certeza.
- Expresar posibilidad.

Recursos Comunicativos

Expresar (falta de) certeza

- Sé con absoluta seguridad que...
- No me cabe la menor duda de que...
- Es indudable/innegable que...
- Es un hecho que...
- Me consta que...
- Sospecho que...
- Juraría que...

Expresar posibilidad

- Pudiera ser que...
- Para mí que...
- Cabe/Existe la posibilidad de que...
- Lo mismo...
- Eso es que...
- Igual es que...

Cuestiones previas

- ¿Piensas que la literatura es una manifestación artística que solo puede encontrarse en lugares específicos o también puede verse en la calle?

- ¿Crees que el grafiti o las pintadas que encontramos en los muros o fachadas pueden denominarse *literatura*? Justifica tu respuesta.

- Elige una de las frases que aparecen aquí y coméntala.

NADIE me pregunta qué quiero aprender

ESTAMOS A NADA DE SERLO TODO.

ACCIÓN POÉTICA TUCUMÁN-ARG

Lo IMPOSIBLE SOLO TARD[A] UN POCO

No te ★ PRE-ocupes OCÚPATE.

NO OLVIDES QUE TE ESPERO NO ESPERES QUE TE OLVIDE

Sumario

En portada

Biografía y entrevista al escritor José Ángel Mañas, un *punk literario*.

Más palabras

Ampliación y revisión del léxico relacionado con el tema.
Descripciones literarias.

Destacado

El mundo de las letras.
Expresiones idiomáticas.

ESPECIAL MUNDO HISPANO

Literatura, autores y culturas urbanas.

Cierre

Expresión e interacción orales
- Descripción y argumentación sobre las tribus urbanas.
- Debate. Tribus urbanas: ¿tipo de cultura o moda pasajera?

¿Cómo explicarías el significado de la frase que aparece en la imagen superior?

- [ ] **A.** El olvido es la espera.
- [ ] **B.** La espera hace el olvido.
- [ ] **C.** Te espero y no te olvido.

La literatura también está en la calle

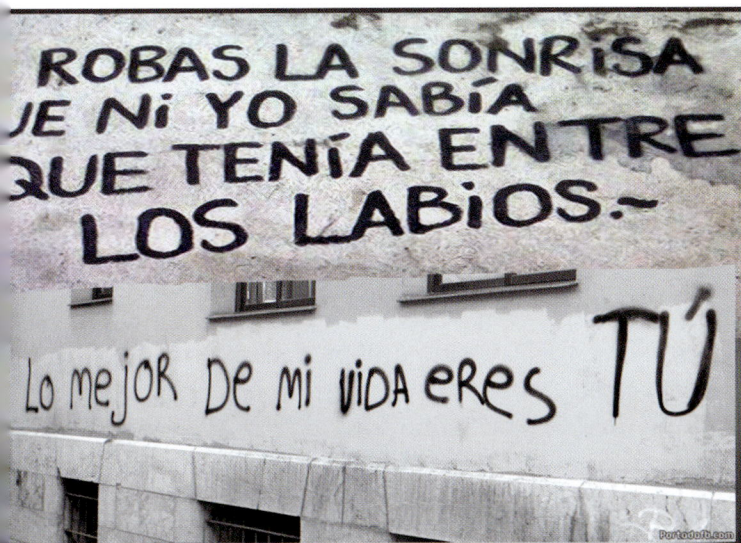

ROBAS LA SONRISA
UE NI YO SABÍA
QUE TENÍA ENTRE
LOS LABIOS.~

Lo mejor De mi vida eres TÚ

QUEDA MUCHO
POR SENTIR

ACCIÓN
POÉTICA

RECORDARTE HASTA
SER OLVIDO

ACCIÓN
POÉTICA
en Chile

"Vivo la transgresión literaria como una condena".

"El realismo urbano no es una cosa novísima".

"Distorsiono para conseguir efectos estéticos".

"Para que la vida entre en la novela, esta tiene que ser manipulada".

"La literatura ayuda a recuperar el mundo perdido".

La entrevista

1. a. Lee la entrevista a J. Ángel Mañas, piensa en las posibles preguntas del entrevistador y completa el texto.

José Ángel Mañas

Lee la biografía de J. Ángel Mañas y comenta por qué crees que se considera un *punk literario*.

Nacido en Madrid en 1971, estudió Historia Contemporánea en las universidades de Madrid, Sussex y Grenoble. Es uno de los representantes de la generación del neorrealismo español de la década de los 90. Después del éxito de su primera novela, *Historias del Kronen* (finalista del Premio Nadal en 1994), se trasladó a Francia. Desde 2002 reside en Madrid. A su primer éxito le siguieron otras tres novelas de ambiente y contenido parecidos, conocidas también como la *Tetralogía Kronen.* En 2007 se publicó su primera incursión en el género histórico, *El secreto del oráculo*, centrada en la figura de Alejandro Magno y seleccionada entre las cinco finalistas del Premio Espartaco a la mejor novela histórica.

Adaptado de varias fuentes

José Ángel Mañas: «Soy un *punk literario*»

Volvió al universo *Kronen,* muchos años después de aquella arrolladora ópera prima inspiradora de una de las películas españolas más taquilleras de los noventa. Afirma que lo hizo «con una óptica diferente y llena de nostalgia, en un intento de recuperar un mundo irremediablemente perdido para él». Aunque a menudo se ve «obligado a amordazar al veinteañero rebelde» que aún lleva dentro, continúa viviendo «la transgresión literaria como una condena», porque, en el fondo, sigue siendo un *enfant terrible.*

¿..?

El realismo urbano no me parece que sea una cosa novísima; pero si hay que optar por una etiqueta, no es de las más inadecuadas. Mis novelas —y en eso, *La pella* es absolutamente ortodoxa— pretenden ser una impresión personal de una realidad vivida. Algo tan fácil y tan difícil como eso.

¿..?

En lo estilístico, el concepto que siempre me ha agradado más y con el que me he sentido más identificado ha sido uno proveniente de la música: siempre digo que, como escritor, soy una especie de *punk literario* —fuera de la escritura no, desde luego—.

¿..?

Sí. Me gusta mucho la definición de novela que daba Zola como de un espacio en el que el novelista puede experimentar con sus personajes, hacerlos atravesar pruebas para determinar su valor exacto y denunciar (o desvelar) las presiones y los condicionamientos que la sociedad puede ejercer sobre ellos. En ese sentido, *La pella* tiene algo de naturalista, efectivamente.

¿..?

Reflejo lo que percibo. Cuando distorsiono, lo hago para conseguir efectos estéticos: enriquecer el habla de la gente, o por lo menos evitar redundancias y dar plasticidad, para que resulte grato literariamente; seleccionar decorados para que el conjunto dé una sensación de movimiento y variación... Para que la vida entre en la novela tiene que ser necesariamente manipulada.

70 ¿..................................?

Es cierto que, según algunos, en mi último libro he sido algo desalmado, pero no hay premeditación, a veces
75 ni siquiera intencionalidad: ciertos finales se te imponen porque sin ellos no habría novela... ¿tendría sentido *Kronen* sin la muerte final o *La pella*
80 sin la confrontación última?

¿..................................?

Los calco casi todos sobre personas reales que, al atravesar el espejo literario, sufren
85 una serie de modificaciones ineludibles, para bien o para mal; incluso pueden ser descuartizados para injertar sus trozos en otro cuerpo. Siem-
90 pre digo que muchos son como pequeños *Frankenstein* hechos con retazos de gente diferente.

¿..................................?

95 Lo positivo fue que, citando a Françoise Sagan, no tuve que hacer lo que suele tener que hacer la gente para lograrlo. Y, sobre todo, que
100 me ha permitido dedicarme profesionalmente a la escritura. Lo negativo, que entré directamente y saltándome un escalafón en un mundo
105 cuyos códigos desconocía y cometí muchas torpezas. Pero entre lo bueno y lo malo, pesa muchísimo más lo bueno.

¿..................................?

110 El momento más bonito fue cuando me comunicaron que había quedado finalista del Nadal: eso suponía que me iban a publicar. Fue una de las
115 mayores alegrías de mi vida. Y el peor, prefiero olvidarlo.

¿..................................?

Duró tres años y medio. Se dice pronto. Nunca había
120 escrito una novela histórica, y tampoco una tan larga. No creo que vuelva a hacerlo. Pero tenía que probarme a mí mismo que era capaz de
125 publicar una obra de casi setecientas páginas.

¿..................................?

Me encantaría que se pudiera llevar al cine, ojalá sea el caso. Si quedara tan bien como las
130 tres anteriores, estaría encantado. Independientemente de que te guste más o menos cada una de las películas, que te adapten es siempre un pri-
135 vilegio y un honor. Algunos novelistas sufren mucho al ver pasar sus páginas a fotogramas, pero yo lo veo como la obra de otro artista. Lo
140 importante no es que sea fiel a la letra del texto sino a su espíritu y que haya una cierta compatibilidad entre el grupo sanguíneo del autor de la
145 novela y el del cineasta. Si no, la transfusión no funciona.

Adaptado de la entrevista de Maica Rivera

b. **Aquí tienes las preguntas reales, relaciona cada una con su respuesta. Después, compáralas con las tuyas. ¿Coinciden?**

1. La sorpresa la diste con el género histórico... ¿fue tan ardua como parece la elaboración de *El secreto del oráculo*?

2. ¿Definirías tu labor literaria dentro de los cánones de un novísimo neorrealismo urbano español?

3. ¿Qué te define entonces estilísticamente?

4. ¿El éxito precoz ha sido un arma de doble filo en algún momento?

5. Tus personajes responden a cierto determinismo naturalista llevado a una realidad contemporánea de estratos sociales, ¿estás de acuerdo?

6. *La pella* tiene un alto tirón para el celuloide, ¿qué te gustaría que se repitiera de las anteriores adaptaciones de tu obra?

7. En tu literatura, ¿reflejas la realidad o la deformas?

8. ¿Cómo concibes a tus personajes?

9. ¿Qué es lo mejor que te ha ocurrido en tu vida literaria? ¿Y lo peor?

10. Tienen gancho tus justicias poéticas, ¿surgen o llegan con premeditación?

c. **Escucha y comprueba.**
9

Más Palabras

1. Mañas comenta que para describir la realidad recurre a la descripción literaria. Lee las siguientes afirmaciones, ¿a qué descripción pertenecen?

- DS (descripción subjetiva, más literaria)
- DO (descripción objetiva, más científica)

1. Informa sobre las características de lo descrito intentando ajustarse a la realidad. ____

2. Es más neutral y, por lo tanto, no suele incluir valoraciones personales o juicios subjetivos. ____

3. Informa sobre lo que se ve utilizando el lenguaje para producir emociones en el lector. ____

4. Es el punto de vista principalmente de quien describe, que incluye solamente los rasgos que le interesa destacar. ____

5. Es muy precisa y posee una finalidad práctica e informativa. ____

6. Es una descripción verosímil y creíble, pero no necesariamente exhaustiva del objeto descrito. ____

7. Expone datos de manera clara y detallada. ____

8. Incorpora muchos recursos retóricos: metáforas, comparaciones, exageraciones, etc. ____

2. Aquí tienes ejemplos de descripciones. ¿A qué tipo pertenecen y cuál de estos elementos se describen? Hay cuatro que no se describen.

- un chat • un bebé • un informe • una cebolla • la belleza • un burro • el placer • un blog

1. Es pequeño, peludo, suave; tan blando por fuera, que se diría todo de algodón, que no lleva huesos. Solo los espejos de azabache de sus ojos son duros cual dos escarabajos de cristal negro.

2. Luminosa redoma, pétalo a pétalo se formó tu hermosura, escamas de cristal te acrecentaron y en el secreto de la tierra oscura se redondeó tu vientre de rocío. Bajo la tierra fue el milagro y cuando apareció tu torpe tallo verde, y nacieron tus hojas como espadas en el huerto, la tierra acumuló su poderío mostrando tu desnuda transparencia.

3. Es una publicación *on-line* de historias que aparecen de manera periódica y en orden cronológico inverso, es decir, lo último que se ha publicado es lo primero que aparece en la pantalla. Es muy frecuente que dispongan de una lista de enlaces a otras páginas para citar fuentes o ampliar información sobre un tema concreto.

4. Es una sensación o sentimiento positivo, agradable o eufórico, que en su forma natural se manifiesta cuando un individuo consciente satisface plenamente alguna necesidad.

oras **más palabras** más palabras **más mas palabras** **más palabras** más palabrasmás palabras **mas palabras** más palabras
abras MÁS PALABRAS más palabras más palabras **palabras** más palabras MÁS PALABRAS más palabras **más palabras** más palabras más palabras más palabr
labras **más palabras** más palabras más palabras **más palabras** más palabras más palabrasmás palabr
alabras *más palabras* más palabras más palabras **más palabras** más palabras más palabras **más palabras** más palabras
ras más palabras más palabras palabras más palabras **más palabras** más palabras más palabras *más palabras* más palabras más palabrasmás

3. a. En las descripciones se suelen utilizar adjetivos relacionados con los sentidos. Relaciona los siguientes con la imagen adecuada.

- púrpura
- frágil
- rancio
- pajizo
- estridente
- chirriante
- granate
- vibrante
- chillón
- viscoso
- translúcido
- aromático
- armonioso
- áspero
- cobrizo
- terso
- atronador
- rugoso
- inodoro
- dulzón
- mareante
- embriagador
- avinagrado
- insípido
- sedoso
- pestilente
- agrio
- suave

1.

2.

3.

4.

5.

b. Escribe un **texto** describiendo detalladamente una de las siguientes imágenes.

4. Busca un sinónimo para los siguientes términos de la entrevista.

verbos

1. percibir		a. intentar
2. amordazar		b. inclinarse por
3. pretender		c. padecer
4. experimentar		d. traspasar
5. determinar		e. desfigurar
6. sufrir		f. eludir
7. atravesar		g. silenciar
8. evitar		h. precisar
9. optar por		i. notar
10. distorsionar		j. ensayar

adjetivos

1. arrollador		a. inconformista
2. lleno		b. originario
3. desalmado		c. inevitable
4. ineludible		d. inapropiado
5. descuartizado		e. repleto
6. rebelde		f. particular
7. inadecuado		g. implacable
8. personal		h. despiadado
9. proveniente		i. despedazado
10. exacto		j. preciso

sustantivos

1. nostalgia		a. reiteración
2. sensación		b. enfrentamiento
3. variación		c. estamento
4. redundancia		d. intencionalidad
5. escalafón		e. honra
6. código		f. impresión
7. honor		g. alteración
8. confrontación		h. afinidad
9. premeditación		i. melancolía
10. compatibilidad		j. reglamento

1. Responde el siguiente cuestionario sobre literatura escrita en español.

¿Cuánto sabes de literatura?

1. El caballo de Don Quijote se llamaba:

   a. Rocinante   **b.** Caballete   **c.** Rasputín   **d.** Cristóbal

2. Isabel Allende escribió:

   a. *Como agua para chocolate*   **b.** *Vivir para contarla*

   c. *La casa de los espíritus*   **d.** *Cosmofobia*

3. Carlos Ruiz Zafón es…

   a. Un escritor español   **b.** Un personaje de una novela de García Márquez

   c. El pseudónimo de una escritora chilena   **d.** Un crítico literario mexicano

4. Julio Cortázar no escribió:

   a. *Rayuela*   **b.** *Un tal Lucas*   **c.** *Viaje alrededor de una mesa*   **d.** *Afrodita*

5. ¿Cuál de estas obras de García Márquez no ha sido llevada al cine?

   a. *El amor en los tiempos del cólera*   **b.** *Del amor y otros demonios*

   c. *Crónica de una muerte anunciada*   **d.** *Cien años de soledad*

6. El famoso capitán creado por el novelista español A. Pérez Reverte se llama:

   a. Alatriste   **b.** Garfio   **c.** Nemo   **d.** Barbanegra

7. Una novela de la española Lucía Etxebarría incluye el nombre de un medicamento. ¿Sabes cuál es?

   a. Aspirina   **b.** Prozac   **c.** Paracetamol   **d.** Valium

8. El célebre Lazarillo protagonista de la novela homónima nació en:

   a. Cáceres   **b.** El mar Mediterráneo   **c.** Los Pirineos   **d.** El río Tormes

Ahora tú

- ¿Te resulta fácil leer literatura en español? Justifica tu respuesta.
- ¿Qué géneros prefieres (novela, teatro, poesía, ensayo, biografía, etc.)? ¿Por qué?
- ¿Cuál es tu escritor favorito? ¿Por qué te gusta su manera de escribir?
- ¿Qué autores de literatura española e hispana conoces? ¿Cómo has conocido su obra?

2. Hay muchas expresiones que pertenecen al mundo de la literatura. Relaciona cada una de las siguientes con su significado.

1. Ser un donjuán.

2. Hacer de celestina.

3. Tener más cuento que Calleja.

4. Parecer la cenicienta.

5. Sentirse como un patito feo.

6. Ser un quijote.

7. Ser como el cuento de la lechera.

a. Ocuparse siempre de las tareas del hogar y sentirse abandonado.

b. Ser un seductor, un gran conquistador de mujeres.

c. Ser alguien que antepone sus ideales y defiende causas que piensa que son justas, pero sin conseguir nada.

d. Ayudar a una persona para que conquiste a otra.

e. Tener mucha imaginación y excusas para todo.

f. Pensar que uno es menos atractivo que los demás.

g. Tener muchos planes que no terminan de salir adelante.

Ahora tú

- ¿Te han dicho alguna vez que eres un donjuán? En caso negativo, ¿has conocido a alguno?
- ¿Has tenido que hacer de celestina? ¿Funcionó tu ayuda?
- ¿En qué situación te han dicho que tienes más cuento que Calleja?
- ¿Alguna vez has actuado como un quijote?
- ¿En algún momento te ha pasado como en el cuento de la lechera?

3. Lee las siguientes opiniones relacionadas con la literatura y la lectura. ¿Estás de acuerdo con ellas? Justifica tu respuesta.

1. Para mí, con tal de que un libro tenga un buen argumento, ya es suficiente. Lo de cómo esté escrito no me importa tanto.

2. Leer a los clásicos hace a las personas más inteligentes. Los autores contemporáneos no han aportado nada nuevo, ni siquiera una temática novedosa.

3. El cruce de libros o *bookcrossing* me parece una idea genial para intercambiar libros de una manera original y económica. La primera vez que participé en este nuevo sistema de préstamo fue en un parque. Y sí, los que estamos apuntados a este movimiento somos gente responsable que no nos quedamos los libros en nuestras casas.

4. Muchos grandes lectores dicen que la novela gráfica es todo un arte. Se ha llegado a llamar la *novena maravilla*.

5. Me parece que la literatura se ha vuelto muy comercial. La gente solo lee los libros más vendidos, vaya, los superventas o *bestseller*.

6. El tipo de lectura que escogemos refleja un poco cómo es nuestra personalidad e incluso nuestro estado de ánimo.

LITERATURA

1. a. Lee estos textos sobre algunos escritores hispanos y explica por qué su literatura se enmarca en una determinada cultura urbana.

1. Chile

Stella Díaz Varín (1929-2006)
Literatura *punk*

Primera poetisa de la Generación del 50 que poseía grandes ideales. Los poetas de esta generación se sentían libres. De familia acaudalada, debe sus ideales políticos a su padre, un abogado anarquista. Empezó a escribir temprano y alcanzó la fama con su primer libro, *Razón de mi ser.* Su carrera y su vida fueron turbulentas hasta el final. Sus poemas se caracterizan por la autodefinición y su reconocimiento a la condición femenina como fuente de la vida. La reflexión en torno al paso de los años y el tono coloquial son una constante en su obra. Su última novela, *Stella extragaláctica*, aún se mantiene inédita.

Adaptado de varias fuentes

2. México

Inés Arredondo (1928-1989)
Literatura gótica

Nació en una familia acomodada que empobreció más tarde. Empezó a estudiar Filosofía, pero tras una crisis espiritual y un intento de suicidio, su médico le aconsejó dedicarse al estudio de la lengua y de la literatura. Su segundo libro, *Río subterráneo,* le valió el Premio Xavier Villaurrutia. Este libro contiene dos de los relatos más memorables y más estudiados de esta corriente mexicana: *Apunte gótico* y *Orfandad.* Su obra se caracteriza por sus laberintos temáticos, como el erotismo, la locura, la muerte, la inocencia, la perversión, el mal, la transgresión de los límites, el autosacrificio, entre otros.

Adaptado de varias fuentes

3. Cuba

Sergio Cevedo Sosa (1956)
Literatura *rock*

Este ingeniero químico nacido en La Habana, empezó escribiendo ciencia ficción en un taller literario de su ciudad natal, para acabar ganando en 1987 el Premio David con su libro de cuentos *La noche de un día difícil,* cuya inspiración procede de los *Beatles.* Glosa a los inmortales *Queen*, verdadera declaración generacional de derechos. *Rapsodia bohemia* es uno de esos cuentos que a uno le dan ganas de haber vivido: como el filme *Hair*, de Milos Forman, una de esas extremas, ultraidealistas utopías adolescentes que, si nunca te pasó siquiera por la cabeza cometer a los 18, ¿estás seguro de que estuviste vivo?

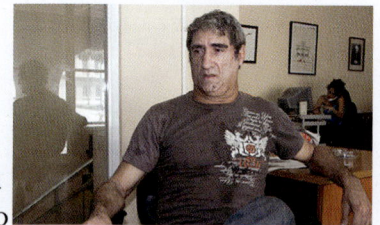

Adaptado de www.literaturaguatemalteca.org

Y CULTURAS URBANAS

4. Guatemala

Arturo Arias (1950)
Literatura *hippie*

Nació en la ciudad de Guatemala y alcanzó el éxito con su segunda novela *Itzamná*, por la que recibió el Premio Casa de las Américas en 1981. En esta novela cuenta la historia de un grupo *hippie* denominado *El Establo* que realiza una peregrinación en busca de sus raíces precolombinas. En 2008 ganó el Premio Nacional de Literatura «Miguel Ángel Asturias». Actualmente es profesor de Literatura y Lengua Española en la Universidad de Austin (Texas). Su obra se caracteriza por la innovación del lenguaje saliéndose de los cánones más transitados y conocidos. Uno de los rasgos más característicos de su particular estilo es el humor. Al igual que muchos de sus contemporáneos no quiere oír la palabra «guerra».

Adaptado de www.literaturaguatemalteca.org

5. España /México

Pablo Paniagua (1956)
Literatura *indie*

Es uno de los escritores más prolíficos surgidos por Internet. Español naturalizado mexicano, él mismo se siente «un ciudadano del planeta Tierra». Autor del *Manifiesto del escritor web* y del *Manifiesto para una nueva literatura independiente*, es también uno de los pioneros de las novelas por entregas en el medio cibernético y del subgénero de la *blognovela*. Entre sus obras destacan *El mono cibernético* y *Exex*. En su obra mantiene un tono irreverente y de crítica feroz, un humor negro y cargado de ironía.

Adaptado de www.literaturaindie.mex.tl

b. Decide si las siguientes informaciones sobre los escritores anteriores son verdaderas o falsas. Justifica tus respuestas.

	V	F
1. El pertenecer a una clase adinerada permitió a Stella Díaz tener unos ideales anarquistas.		
2. Para Arredondo, dedicarse a la escritura fue una cuestión de tradición familiar.		
3. Algunos libros de Sergio Cevedo se inspiran en la música.		
4. El grupo *El Establo* persigue un encuentro con sus orígenes.		
5. Pablo Paniagua prefiere entregar sus novelas completas para que se lean por Internet.		

Ahora tú

- ¿Crees que hay una relación específica entre la manera de hacer literatura y el país de procedencia de los escritores?
- En tu país, ¿hay escritores u obras que se enmarquen en una cultura urbana específica?
- De todos estos escritores, ¿cuál te llama más la atención o crees que te podría gustar? ¿Por qué?

Expresión e interacción

Exposición

1. El escritor José Ángel Mañas se define como un *punk literario*. Elige una de las siguientes tribus urbanas y prepara una breve exposición oral.

RAPEROS

GÓTICOS

PUNKIS

- **Aspecto:** desaliñado, ropa rota, crestas, aros, tatuajes, pulseras de pinchos, botas.
- **Ideología:** anarquistas, okupas, anticapitalistas.

- **Aspecto:** camisetas y pantalones anchos, gorras. A veces usan cadenas y joyas.
- **Ideología:** letras de las canciones de protesta social.

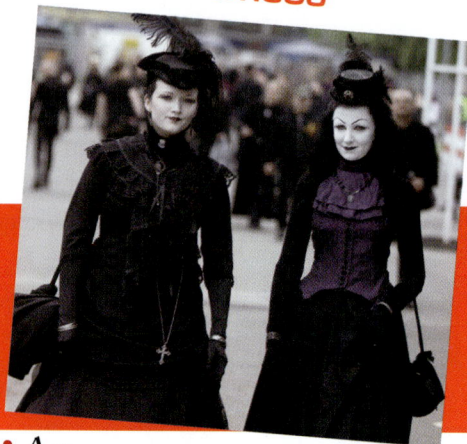

- **Aspecto:** uñas pintadas de negro, ropa negra de época; uso de crucifijos.
- **Ideología:** adoran y practican cualquier forma de arte, reviven el mundo gótico, interés por la muerte y el más allá.

MODERNOS

METALEROS

- **Aspecto:** la moda es esencial, siguen las últimas tendencias.
- **Ideología:** cerveza de marca, bares de diseño, viajar y cocina étnica.

- **Aspecto:** cuero con clavos, pantalones ajustados, color negro, pelo largo.
- **Ideología:** seguidores del *heavy metal*, temperamento hedonista, gusto por la diversión.

orales

Descripción

2. Pretendes crear una tribu urbana en la era postmoderna. ¿Cómo sería?

Presenta tu propuesta en clase teniendo en cuenta los siguientes puntos:

- Nombre
- Aspecto físico
- Ideología
- Lenguaje
- Cultura del ocio
- Integración sociocultural

Durante la intervención de tus compañeros deberás:

- dar algunos consejos.
- aceptar/rechazar las propuestas que hagan.

Recursos Comunicativos

Aconsejar
- ¿(Me) Aceptas un consejo?
- Lo más aconsejable/recomendable sería...
- Te sugeriría/recomendaría...
- Lo único que puedo aconsejarte/recomendarte es...
- Si estuviera en tu lugar...

Aceptar o rechazar una propuesta
- (No) Me parece una buena idea.
- Estoy de acuerdo plenamente contigo con/en que...
- Coincido con/en lo que propones...
- Precisamente/Justamente no...
- Me es/resulta imposible...
- Discrepo en eso.

¡A debate!

Pensad en las siguientes cuestiones y debatidlas en clase:

Tribus urbanas: ¿tipo de cultura o moda pasajera?
- Origen de las tribus urbanas.
- Causas de pertenencia a estas subculturas o identificación con ellas.
- Convivencia de las diferentes tribus urbanas.

Durante tu intervención deberás:
- Mostrar acuerdo o desacuerdo con otras opiniones.
- Mostrar indiferencia.
- Cuestionar alguna información.

Recursos Comunicativos

Mostrar indiferencia
- ¡Qué más da!
- ¡Y qué importa eso!
- Me es igual/indiferente
- Me tiene sin cuidado
- Ni me va ni me viene.
- No me dice nada.

Cuestionar una información
- ¿Insinúas que...?
- ¿No estarás diciendo/afirmando que...?
- ¿Debo entender que...?
- ¿No creerás/pensarás que...?
- ¿Estás seguro de eso?
- ¿Te parece que estás en lo cierto?

Tema 8

Sumario

En portada
Biografía y entrevista a la presentadora y cocinera Narda Lepes quien propone una forma de comer saludable desde la infancia.

Más palabras
Ampliación y revisión del léxico relacionado con el tema.
Expresiones idiomáticas.

Destacado
El mundo de la medicina y los medicamentos.

ESPECIAL MUNDO HISPANO
¿Quién realizó el primer *by-pass* cardiaco? Profesionales de la salud.

Cierre
Expresión e interacción orales
- Redacción y presentación de un artículo sobre las dietas.
- Presentación de un plan personalizado para mejorar la salud.
- Conferencia. La belleza.
- Debate. Alimentos transgénicos: ¿saludables o perjudiciales?

Deduce, según el contexto, qué significa la expresión *curarse en salud*.

A.: El profesor no le ha dado mucha importancia a ese tema de gramática, o sea que no creo que aparezca en el examen.

B.: Bueno, a mí no me ha quedado tan claro. Mejor *curarse en salud* y echarle un vistazo por si acaso.

- [ ] **A.** Tomar una decisión importante.
- [ ] **B.** Tomar precauciones.
- [ ] **C.** Tomarse las cosas con tranquilidad.

Curarse en salud

" Un estilo de vida saludable es una estrategia global que forma parte de una tendencia moderna de salud".

" Mantener la autoestima y disfrutar de los pequeños momentos son parte de un estilo de vida saludable".

" Tener un estilo de vida saludable es más que comer frutas y verduras".

" No existen alimentos más o menos sanos, sino hábitos más o menos saludables".

" Comer bien no cuesta tanto, simplemente hay que saber elegir bien los alimentos".

" Los gustos alimenticios están directamente relacionados con los hábitos culinarios durante la infancia".

Narda Lepes

Completa la biografía de esta chef argentina con las palabras que faltan.

• en particular • televisivo • además
• preparación • dedicarse • serie • propio
• región • fusión • música • saludables
• culinarios

Nacida en 1972, comenzó a (1) .... a la gastronomía en 1992. Su debut (2) .... fue con el programa *Fusión* (2001), que compartía con otros chefs. Su especialidad era la cocina (3) ...., es decir, una mezcla de la cocina japonesa y la latinoamericana. En 2003 tuvo su (4) .... programa, *180º*, en el que (5) .... de cocinar, comentaba sobre su (6) .... preferida. Hizo también una (7) .... de programas (8) .... en distintos países con el objetivo de mostrar las distintas costumbres gastronómicas y culturales de cada (9) .... Está muy concienciada con el futuro de la alimentación y, (10) ...., con la alimentación infantil. Tanto, que su programa, *Tres minutos*, se centra en la (11) .... de recetas ricas, (12) .... y rápidas para niños y bebés.

Adaptado de varias fuentes

La entrevista

1. a. Completa la entrevista con Narda Lepes con los fragmentos adecuados.

Narda Lepes: «Quiero que la gente cocine fresco, barato y rico»

En sus comienzos la chef Narda Lepes logró algo casi impensable en televisión: conquistar a la audiencia sin una sola sonrisa. Su estilo entre seco y levemente malhumorado fue ganando adeptos a fuerza de eficacia y creatividad.
5 (..................)

¿Cómo empezaste a cocinar?
Cocino porque me gusta comer. Y a mí me dieron de comer rico desde que era chiquita, por suerte. (..................)

¿Cuál es tu fuente de ideas para cocinar?
10 Cosas que veo, charlas, viajes, libros… Y si bien yo decido qué hacer, tengo un equipo espectacular que me aporta cosas que vieron. Entonces las probamos, vemos qué vuelta darle… A mí me encanta rodearme de gente que en algo sea mucho mejor que yo. (..................)

¿Qué sabores asocias a tu infancia?
15 Las arepas, el arroz, los hongos secos, las alcaparras, el jamón crudo, el tempura… Hay una mezcla entre las cosas que me hacía mi papá y las que me hacía mi mamá. Mi mamá cocinaba todo más sano, macrobiótico, milanesas con germen de trigo que eran la muerte, tempura de vegetales. En cambio, papá me hacía probar lo más 20 fuerte. (..................)

¿Puede una dieta macrobiótica ser sabrosa?
Sí, solo que te tiene que gustar, tienes que acostumbrar el paladar. (..................)

Ahora que eres madre, ¿tienes alguna recomendación para la cocina de los niños?
25 Que se animen a mezclar salado con dulce, que fomenten los sabores. Por ejemplo, al pollo que haces siempre agrégale un toquecito de jengibre, o al puré de papa súmale una hojita de albahaca. (..................)

30 **¿Qué se hace con lo que se cocina en el programa?**
Se almuerza. Comemos lo que hicimos el día anterior. ¡No sobra nada! (..................)

Adaptado de cukmi.com

Fragmentos

a. Los fines de semana comía jamón, chancho y esas cosas, y los días de semana compensaba. Ahora, tanto mamá como papá se nivelaron un poco.

b. Por ejemplo, la pastelera que trabaja conmigo es extraordinaria haciendo las tortas. Tenés que tener alma de pastelera, yo no la tengo. Yo le sumo a lo salado. Leo (su asistente), por ejemplo, es mucho más técnico, corta todo chiquitito, prolijito…

c. Si, por ejemplo, para el programa hicimos alcauciles y quedaron, al día siguiente cocinamos *pizza* de alcauciles o calzone para nuestro almuerzo.

d. De entrada, creo que hay que «ampliar el paladar», lo fácil, lo que lleva mucha azúcar o grasa, ya sabemos que suele tener aceptación, así que está bueno intentar no ir a lo fácil. Para todo eso, siempre hay tiempo…

e. Yo a mi bebé le acerco desde hierba de limón hasta zanahorias para que chupe. Prefiero fomentarle los sabores.

f. Quizá por eso llame más la atención verla apasionarse frente a unos dulces secos en un mercado de Londres o sonreír en una librería gastronómica de Río de Janeiro.

g. Lo que hago es sacar cosas de cada cocina que probé. A mí me interesa, sobre todo, que la gente cocine y que lo haga con lo que está fresco, barato y rico.

b. Escucha y comprueba.

10

Ahora tú

- ¿De dónde procede tu fuente de ideas o en qué te inspiras a la hora de elaborar un plato?
- ¿Qué tipo de alimentos consideras saludables?
- ¿Te suele sobrar comida? ¿Qué haces con ella?
- ¿Qué sabores asocias a tu infancia?

Más Palabras

1. Los siguientes verbos se utilizan en el ámbito culinario para referirse a acciones concretas. Relaciona las columnas para formar expresiones adecuadas.

1. Rebozar...	a.	la ensalada con aceite y vinagre.
2. Hervir...	b.	un postre al gusto de la persona.
3. Gratinar...	c.	en trozos muy pequeños.
4. Sazonar...	d.	en agua bien caliente.
5. Rallar...	e.	la pasta una vez cocida.
6. Aliñar o aderezar...	f.	al vapor.
7. Freír...	g.	con sal, pimienta u otras especias.
8. Endulzar...	h.	el queso o una zanahoria.
9. Picar...	i.	carne a la parrilla.
10. Cocer...	j.	en el horno.
11. Escurrir...	k.	con harina y huevo batido.
12. Asar...	l.	con aceite en la sartén.

2. Cuando cocinamos es importante utilizar cantidades exactas. Une las columnas para obtener formas de decir la cantidad que empleamos con algunos alimentos.

1. Una pizca de...	a.	carne, pescado.
2. Un gajo de...	b.	sal.
3. Una onza, una tableta de...	c.	apio, laurel, perejil, tomillo o canela.
4. Una loncha de...	d.	ajo.
5. Un chorro, unas gotas de...	e.	aceite, vinagre.
6. Un filete de...	f.	pan.
7. Una rebanada de...	g.	chocolate.
8. Un racimo de...	h.	uvas.
9. Un grano de...	i.	naranja, mandarina.
10. Un diente de...	j.	maíz, café.
11. Una cucharada de...	k.	jamón, chorizo.
12. Una rama (ramita), hoja (hojita) de...	l.	azúcar, café.

Ahora tú

Explica en clase un truco de cocina o una receta rápida. Utiliza el léxico anterior.

• **Ej.:** *Para conservar la pasta cocida sin que se apelmace, te recomiendo que la escurras bien y que le añadas un chorro de aceite.*

más palabras más palabras más más palabras más palabras más palabras más palabras más palabras MÁS PALABRAS más palabras más palabras palabras más palabras MÁS PALABRAS más palabras MÁS PALABRAS más palabras más palabras MÁS PALABRAS más palabras más palabras MÁS PALABRAS más palabras más palabrasmás

3. Existen numerosas expresiones idiomáticas relacionadas con la comida. Lee las frases y sustituye la expresión marcada por una de las siguientes.

- Cortar el bacalao
- Ser pan comido
- Darle calabazas a alguien
- Estar fresco como una lechuga
- Ponerse como una sopa
- Importarle un rábano /un pimiento/un pepino a alguien
- Estar de mala leche
- Sacarle las castañas del fuego a alguien

1. He descansado de maravilla y *estoy lleno de energía*, listo para el examen y para el partido de esta tarde.

2. ¡Pobre Luisa! Esta mañana se le olvidó el paraguas y, como llovía tanto, *se mojó mucho*.

3. Lo conocí la semana pasada y no para de llamarme y de enviarme mensajes para salir, estoy tan agobiada que he decidido *rechazar su invitación*.

4. Aunque haya varias personas trabajando en este proyecto, Susana es quien *está al mando y tiene el poder de decisión*.

5. Estoy muy decepcionada contigo y *no me interesa en absoluto* lo que digas o hagas. No pienso tolerar más este comportamiento.

6. No pasa un día sin que Marcos se meta en un lío. Menos mal que siempre está Juan para ayudarle y *solucionarle los problemas*.

7. Alberto piensa que el examen va a *ser muy fácil,* pero yo no estoy tan segura. Esa profesora es muy estricta a la hora de corregir.

8. Tendrías que haber visto la cara de su madre cuando llegó a casa… La mujer ya *estaba de muy mal humor* porque no había sabido nada de él durante toda la noche, y al verle, se enfadó aún más.

Ahora tú

- ¿Qué necesitas para estar fresco como una lechuga?
- ¿Algún aspecto de la gramática del español te parece pan comido?
- ¿Alguna vez le has dado calabazas a alguien? ¿Y te las han dado a ti?
- ¿Qué cosas te importan un rábano y por qué?
- ¿Sueles estar de mala leche por las mañanas?
- ¿Recuerdas una situación en la que alguien te sacó las castañas del fuego?
- ¿Quién corta el bacalao en tu casa? ¿Y en tu trabajo?

1. ¿Cuáles de las siguientes opiniones y consejos te parecen cuestionables? Justifica tu respuesta.

1. Los especialistas en nutrición recomiendan comer cinco piezas de fruta al día, pero a mí me da muchas ganas de ir al baño continuamente. Creo que me voy a pasar a las pastillas de aporte vitamínico porque, al fin y al cabo, es lo mismo.

2. Yo como lo que quiero durante el año, pero en enero, para cuidarme, siempre sigo una dieta a base de alcachofas durante una semana. Me ayuda a depurar mi organismo y a no sentirme mal después de las vacaciones.

3. Creo que es más importante poder saborear una buena comida que estar siempre con sentimiento de culpabilidad. Por eso no me privo de nada.

4. El deporte es un elemento esencial en mi vida. Además de gustarme, creo que es necesario. Por muchas dietas que hagas, si no haces deporte nunca estarás bien del todo.

5. Cuando me duele algo o estoy resfriado, prefiero no tomar ningún medicamento, ya que opino que es cuestión de tener paciencia y de hacer reposo hasta que uno se mejora.

2. Los siguientes sustantivos se utilizan para hablar de la salud. Identifica cuáles corresponden a cada adjetivo y relaciónalos.

1. Dolor...
2. Médico...
3. Tos...
4. Medicina...
5. Traumatismo...
6. Trastorno...
7. Pronóstico...
8. Salud...
9. Síntoma...
10. Vía...

a. craneoencefálico, torácico, abdominal
b. de cabecera, de familia, especialista, privado
c. agudo, crónico, punzante, abdominal, intestinal, lumbar
d. leve, reservado, grave
e. oral, intravenosa, intramuscular
f. seca, convulsiva, asmática
g. general, alternativa, natural, tradicional, preventiva, deportiva
h. débil, delicada, frágil
i. digestivo, respiratorio, nervioso
j. claro, evidente, alarmante, inequívoco, visible

3. Aquí tienes los apartados en los que se divide un prospecto de un medicamento. Lee las características de cada uno y complétalos con los términos que faltan.

• la dosis • una alergia • el organismo • las sustancias • la prevención • los principios activos • los jarabes
• la edad • el farmacéutico • efectos secundarios • un especialista • los casos • los síntomas • las propiedades
• las medidas • la administración • la temperatura

CARACTERÍSTICAS DEL PROSPECTO DE UN MEDICAMENTO

Composición
Incluye todas (1) .... que lo componen, el nombre, la cantidad y la presentación (cápsulas, comprimidos, jarabe, etc.). Incluye, además, (2) .... y los excipientes. Los primeros son los componentes que actúan sobre el organismo y los segundos son elementos activos, ya que son sustancias como el almidón, el azúcar de (3) .... o los colorantes.

Indicaciones
Señala las enfermedades o (4) .... que trata, así como las situaciones para las que está indicado.

Posología
Indica (5) .... o cantidad que debe administrarse en cada toma y diariamente. En general, es la recomendada para adultos, con especificaciones, si es el caso, para niños o ancianos. En otros casos, se especifica en función de (6) .... o el peso del paciente.

Contraindicaciones
Recoge todos (7) .... en los que no se debe tomar. Si se padece una enfermedad crónica o (8) ...., hay que fijarse muy bien en esta información.

Efectos secundarios
Informa sobre las reacciones no deseadas que se pueden producir en (9) .... Al tratarse de una sustancia activa, en algunos casos, produce efectos no asociados con la curación o (10) .... de la enfermedad. Lo más habitual es que no se manifiesten (11) .... y, si aparece alguno, que sea en forma leve. Siempre que al tomar un medicamento se observe alguna alteración, se debe consultar con el médico o con (12) .... para saber qué hacer.

Interacciones
Se producen por (13) .... simultánea de varios medicamentos, dando lugar a un aumento o disminución de los efectos de los mismos. Por esta razón es tan importante avisar a (14) .... si se está siguiendo algún tratamiento antes de empezar otro, aunque se trate de un medicamento aparentemente inofensivo.

Forma de conservación
Explica (15) .... a la que se debe conservar. También hace referencia a (16) .... especiales de conservación u otro tipo de información como, por ejemplo, si una vez que se abre se puede volver a guardar.

Caducidad
Indica hasta cuándo se puede tomar sin que pierda (17) .... o que pueda resultar perjudicial para la salud.

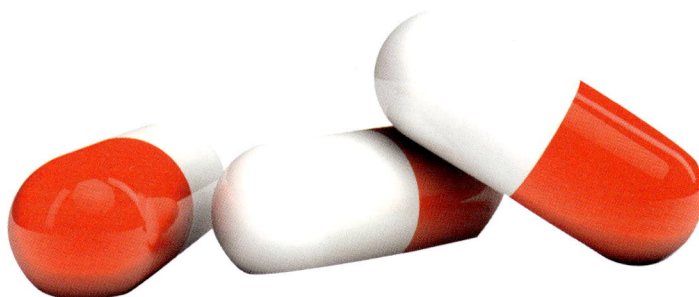

PROFESIONALES

1. a. Lee las fichas de estos profesionales de la salud y complétalas con el texto adecuado. Después elige el que, en tu opinión, ha influido más en la vida de las personas. Justifica tu respuesta.

1. Argentina

René Gerónimo Favaloro (1923 – 2000)

Este prestigioso cardiocirujano es reconocido mundialmente por realizar el primer *by-pass* cardiaco en el mundo. Estudió Medicina en la Universidad de La Plata y una vez terminados sus estudios se mudó a la localidad de Jacinto Aráuz para reemplazar temporalmente al médico local.

2. Ecuador

Matilde Hidalgo de Procel (1889 – 1974)

Fue la primera mujer en graduarse en una escuela secundaria, en obtener un doctorado en Medicina en su país, en votar en una elección democrática en América del Sur y en ocupar cargos de elección popular. Fundó y dirigió la Cruz Roja Femenina de El Oro, de la que fue presidenta de honor y vitalicia.

3. Colombia

Salomón Hakim Dow (1922 – 2011)

Este médico e investigador centró gran parte de su trabajo en el campo de la neurocirugía y la neurología, sobresaliendo por sus aportes en el campo de la hidrodinámica del sistema nervioso central. Al terminar sus estudios de medicina, se especializó en diferentes centros de los EE. UU.

Texto a.

Existe una anécdota que dice que, estando una noche rezando el rosario, le llamó la atención un mosquito zumbando a su alrededor. Entonces fue cuando decidió investigar a los mosquitos y se dio cuenta de que era la hembra fecundada de la especie *Aedes aegypti* la que transmitía esta conocida enfermedad.

Texto b.

También llevó a cabo el primer trasplante de dos manos y fue capaz de convertir un brazo derecho en izquierdo. Era el prototipo de médico rico y ambicioso, sin embargo, la muerte de su hermano y sus estancias en Kenia le llevaron a cambiar de vida y a crear la fundación que lleva su nombre, una organización sin ánimo de lucro cuya misión es ayudar a personas desfavorecidas.

Texto c.

A finales de la década de los 60 empezó a estudiar una técnica para utilizar la vena safena en la cirugía coronaria. A lo largo de su carrera condujo varios programas de televisión dedicados a la medicina y escribió varios libros. Se quitó la vida después de haber criticado el sistema de salud de su país.

DE LA SALUD

4. Cuba

Carlos Juan Finlay y Barrés (1833 – 1915)

Este médico y eminente científico descubrió y describió la importancia del vector biológico a través de la teoría de la trasmisión de enfermedades por agentes biológicos. Fue el más profundo e intenso investigador de la fiebre amarilla y llegó a la conclusión de que la transmisión de la enfermedad se realizaba por un agente intermediario.

Texto d.

A lo largo de su carrera organizó una Escuela de Enfermería, encargándose personalmente de impartir algunos cursos e investigó sobre la tuberculosis.

5. España

Pedro Cavadas (1965)

Este cirujano plástico ha alcanzado fama internacional debido a sus éxitos en el trasplante de extremidades y, sobre todo, por realizar en 2009 el primer trasplante de cara en España (octavo del mundo).

Texto e.

Allí es donde planificó e impartió cursos gratuitos de enfermería que contribuyeron a mejorar la salud pública. También recibió múltiples reconocimientos a su labor social y profesional, entre ellos, la condecoración al Mérito de Salud Pública.

6. Perú

Laura Rodríguez Dulanto (1872 – 1919)

Fue la primera médica cirujana de su país. En mayo de 1892 se convirtió en la primera mujer que lograba ingresar en la universidad al entrar en la Facultad de Medicina de la Universidad Nacional Mayor de San Marcos y la primera en ostentar el título de médico.

Texto f.

Luego regresó a su país natal y ejerció como profesor e investigador en distintas ramas de la medicina, como la física médica, la neurocirugía y la ingeniería biomédica. Descubrió el síndrome de hidrocefalia normotensiva (acumulación de líquido dentro del cráneo) y desarrolló una válvula para su tratamiento.

b. Busca información sobre un investigador del mundo hispano y redacta una breve biografía tomando como modelo los ejemplos anteriores. No olvides tratar estos puntos:

- Justifica el porqué de tu elección.
- Por qué ha destacado.
- Cuáles han sido sus logros.

Lee la biografía en clase.

Expresión e interacción

Exposición

1. a. Lee esta información sobre algunas de las dietas más populares. ¿Para qué tipo de personas te parecen adecuadas? ¿En qué situaciones las recomendarías o no?

LA DIETA DUKAN

Un programa claro, una apetitosa lista de alimentos permitidos, resultados desde los primeros días y una respuesta duradera a los problemas de peso. Sin embargo, esta dieta también tiene sus inconvenientes: en su fase de ataque se basa en alimentos ricos en proteínas, para después, de forma progresiva, ir introduciendo otros alimentos. Para cada etapa existe una lista de alimentos permitidos, pero no de cantidades.

Las personas que deciden hacerla comen hasta la saciedad, los riesgos para la salud son limitados y la masa muscular se refuerza. Esta dieta requiere beber mucha agua y limitar el consumo de sal.

Hay que cumplir dos reglas fundamentales: un día completo de dieta proteica pura por semana y tres cucharadas soperas de salvado de avena al día (un alimento que disminuye la absorción de calorías).

No se recomienda a los diabéticos ni a las personas que padecen problemas cardiacos o renales, y es difícil de seguir para los vegetarianos. En cambio, sí pueden seguirla las embarazadas y los adolescentes.

LA DIETA DISOCIADA

Es muy fácil de seguir, solo hay que recordar qué alimentos son proteínas o hidratos de carbono. No hay que contar las calorías ni pesar los alimentos, por lo que es ideal para las personas muy ansiosas o que no toleran las restricciones. Te permite comer de todo, con lo cual no te obliga a hacer un cambio drástico en tu alimentación ni tener que comprar alimentos caros o difíciles de encontrar.

Con las dietas disociadas se mejora muchísimo la digestión, ya que la mezcla, por ejemplo, de carne con patatas hace la digestión más lenta, con fermentaciones que favorecerán la hinchazón abdominal y el aumento de peso. No obstante, el uso continuado de una dieta de muy bajo valor calórico, como esta, puede conllevar alteraciones gastrointestinales, malestar general, mareos, intolerancia al frío, sequedad de la piel, pérdida del pelo, contracturas musculares, insomnio, ansiedad, estreñimiento, irritabilidad e incluso depresión.

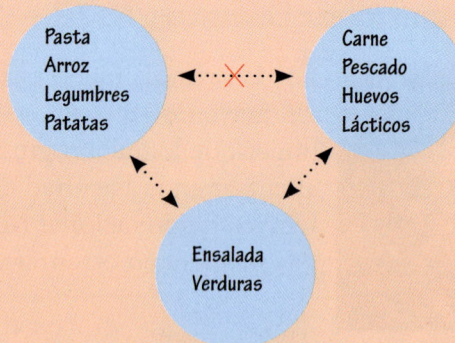

Ahora tú

- ¿Sigues alguna dieta? Si es así, ¿te resulta difícil seguirla? ¿Cuáles son tus mayores dificultades?

- ¿Qué alimentos componen tu dieta diaria? ¿Te gustaría cambiar algo?

- ¿Qué podrían hacer las empresas del sector para incrementar el consumo de alimentos saludables?

b. Busca información sobre alguna dieta que conozcas y escribe un breve artículo sobre ella. Lee tu artículo en clase.

c. Deseas ayudar a un amigo a mejorar tanto su salud como su forma física.

- Elabora un plan personalizado justificando tus decisiones en función de sus necesidades.

- Expón tu plan en clase.

Conferencia

«La belleza que atrae rara vez coincide con la belleza que enamora».

Ortega y Gasset, filósofo y ensayista español

2. Existe otro tipo de belleza: la belleza interior. Prepara una conferencia en la que incluyas las siguientes cuestiones.

1. Muchos se enamoran de una manera de ser más que de un físico. ¿Existe la belleza interior? ¿En qué crees que consiste?

2. ¿Se fijan las personas solamente en lo exterior? ¿Puede esto estar relacionado con la edad o con el sexo de las personas?

3. ¿Qué relación existe entre la belleza interior y la exterior?

4. ¿Existe una dictadura de la imagen y de la belleza?

Estrategias de expresión oral
Conectores

- Iniciar la exposición (*para empezar...*)
- Aclarar el contenido (*es necesario recalcar que...*)
- Añadir información (*a este respecto, habría que decir también que...*)
- Cambiar de perspectiva (*por un lado.../por otro lado...*)
- Expresar causa (*debido a...*)
- Ejemplificar (*pongamos por caso que...*)
- Enfatizar (*indiscutiblemente...*)
- Expresar hipótesis (*es probable que...*)
- Concluir (*por todo lo expuesto...*)

¡A debate!

Pensad en las siguientes cuestiones y debatidlas en clase.

Alimentos transgénicos: ¿saludables o perjudiciales?

Los alimentos transgénicos se producen a partir de un organismo modificado mediante ingeniería genética.

- Aspectos positivos y negativos de la manipulación genética.
- Modificar algunos alimentos beneficia la productividad.
- Manipulación genética y efectos en la salud de las personas.

Durante tu intervención deberás:

- Dar tu opinión.
- Hablar de aspectos o datos que recuerdas.
- Mostrar desacuerdo con lo que dicen otros participantes.

Recursos Comunicativos

Mostrar desacuerdo profundo

- ¡Qué va! ¡Qué dices!
- ¡Anda ya! ¡Venga ya!
- ¡Eso lo dirás tú!
- ¿De dónde te sacas semejante idea?
- Lo que dices no resulta coherente.
- ¿Cómo puedes decir algo así/semejante?
- Eso no tiene ningún sentido.

Expresar que se recuerda

- Que yo recuerde…
- Si no recuerdo mal…
- Me viene a la memoria…
- Si la memoria no me falla…
- No consigo olvidar…
- Esto me hace recordar….

Tema 9

Cuestiones previas

- ¿Crees que el dinero tiene demasiada importancia en la sociedad y en la vida de las personas? ¿Consideras que esto ha ido cambiando en los últimos años?

- ¿Qué se podría hacer para mejorar la economía global? ¿Y qué podrías hacer tú para mejorar tu economía doméstica?

- ¿Qué es lo más importante para ti: la salud, el dinero, el amor o el trabajo?

Sumario

En portada

Biografía y entrevista a la fundadora del Banco Solidario (Ecuador), Mónica Hernández de Phillips.

Más palabras

Ampliación y revisión del léxico relacionado con el tema.
Expresiones idiomáticas.

Destacado

Imaginarium: un modelo de empresa del siglo xxi.

ESPECIAL MUNDO HISPANO

¿Qué han aportado diferentes personalidades del mundo de la economía a la productividad de sus países?

Cierre

Expresión e interacción orales
- Presentar un informe sobre diferente tipos de viviendas.
- Conferencia. La jubilación: ¿un lujo o un derecho?
- Debate. Banca ética, ¿una solución para reducir la especulación en los mercados?

Tanto tienes, tanto vales significa que una persona:

☐ **A.** Es más importante si tiene más dinero.

☐ **B.** Es más eficiente cuanto más dinero tiene.

☐ **C.** Es más valiosa según el dinero que tiene.

Tanto tienes, tanto vales

"En estos años, los valores humanos parecen no tener importancia y las necesidades sociales han pasado a ser un número en las estadísticas".

"La mejor sociedad es aquella que no tiene excluidos, sino que brinda posibilidades a todos".

"Hoy en día existe un capitalismo salvaje".

"Los bancos deberían prestar dinero solo a aquel que lo necesita".

En Portada

Mónica Hernández

Lee esta información sobre Mónica Hernández de Phillips y señala qué aspectos han podido influir en su decisión para dedicarse al mundo empresarial.

Doctora en Medicina y maestría en Administración de Empresas, es directora ejecutiva de la Fundación Alternativa (ONG con proyectos orientados a la generación de empleo), actividad que compagina con la de misionera laica en el movimiento católico Lazos de Amor Mariano en Ecuador, su país natal.

Es una de las 50 mujeres más importantes de Ecuador, lo que la llevó a ejercer de presidenta del Grupo Solidario y a promover iniciativas sociales, tales como la Fundación Alternativa y el Banco Solidario. Es iniciadora y fundadora de la Red Financiera Rural y del Foro de la Microempresa (FOME), asociaciones cuyo fin es encontrar vías con miras a fortalecer la democracia de Ecuador. Ha dedicado su vida a combatir la pobreza y a mejorar la situación de las personas más desfavorecidas de su país.

Adaptado de varias fuentes

La entrevista

1. **a.** **Define las siguientes expresiones y completa esta entrevista con la empresaria Mónica Hernández. Después, relaciona cada pregunta con la respuesta adecuada.**

- regulaciones bancarias • capitalismo salvaje • prioridades institucionales • escasos recursos • soluciones financieras • tipos de crédito • naturales y jurídicas • conciencia social • capital corriente • largo plazo • satisfacción del cliente • clientes microempresarios

Mónica Hernández: «Sueño con ofrecer soluciones financieras prácticas a los sectores más necesitados de Ecuador»

Digamos que en estos años de .... en los que los valores humanos parecen no tener importancia y en los que las necesidades sociales han pasado a ser un número en las estadísticas, escuchar un discurso diferente, con un profundo sentido social, es una ráfaga de aire fresco.

a. ☐

En 1991, junto con Santiago Ribadeneira creamos la Fundación Alternativa, con la finalidad de proveer .... a grupos con menores oportunidades. Desde la Fundación se impulsó la iniciativa financiera social que hoy en día lidera Banco Solidario, que primero se estableció como Estrategia Financiera S. A. (ESFINSA), y luego se convirtió en Banco Solidario en 1996 y, como cualquier otro banco del país, cumple con todas las .... y es controlado por la Superintendencia de Bancos.

b. ☐

El nicho de mercado está constituido por más del 60% de la población económicamente activa, conformada por personas .... que con su trabajo productivo contribuyen al desarrollo del país, pero que se encuentran en segmentos socioeconómicos con dificultad de acceso al sistema financiero tradicional. Están agrupados en los segmentos de microempresa urbana, microempresa rural y pequeña empresa, además de aquellas personas que por sus condiciones económicas no han logrado disponer de una vivienda propia en una comunidad digna. Cabe destacar que más de la mitad de los clientes actuales del Banco Solidario son mujeres de ....

c. ☐

Colaboran organizaciones privadas y sociales de prestigio y reconocida labor tanto en el país como en el extranjero, personas con alta .... y los propios funcionarios del Banco y de las empresas relacionadas.

d. ☐
El plan de mercadeo responde directamente al plan estratégico del banco. En este se definen las ...., incluyendo las metas en cuanto a captaciones. En la actualidad, lo prioritario es la captación de clientes, dividida en ahorro de vivienda e inversiones en general. En el futuro se prevé hacer algo en promoción de ahorro sin propósito, específicamente para .... Los materiales de promoción son los usuales: folletos, afiches, banderas, emisoras de radio y televisión.

e. ☐
Tenemos distintos productos crediticios. Las características básicas de todos los .... para la microempresa son: fácil acceso, rapidez en el trámite (oportunidad del crédito), renovaciones inmediatas y automáticas, búsqueda de relación de ...., exigencia de garantías no tradicionales (solidaridad, presión moral, etc.).

f. ☐
El éxito obtenido en microcrédito se observa en la .... reflejada en el testimonio de María Quiña, quien afirma que antes no poseía ...., tenía pocas cosas en el frigorífico. En su restaurante han mejorado la atención, las porciones y la calidad. Ahora puede comprar los víveres en más cantidad, ha cambiado las mesas y está pensando en comprarse una cocina y otro frigorífico. Creo que es hora de que repensemos las cosas y de que comprendamos que la mejor sociedad es aquella que no tiene excluidos, sino que brinda posibilidades a todos.

Preguntas

1. Estamos demasiado acostumbrados a que los bancos presten dinero a quienes demuestran no necesitarlo. ¿Cómo se inicia el proyecto del Banco Solidario?

2. ¿Quiénes son los potenciales clientes del Banco?

3. Normalmente los bancos publicitan sus líneas de crédito en televisión y en los diarios. En este caso, ¿cómo es la llegada de la información a los potenciales beneficiarios?

4. ¿Cuál ha sido la respuesta en la práctica?

5. ¿Qué tipo de accionistas participan en el proyecto?

6. ¿Cómo se maneja el tema de las garantías? Pregunto esto porque entiendo que se trata de capital privado y no de subsidios de origen gubernamental.

b. Escucha y comprueba.
11

Ahora tú

- ¿Qué opinas de la iniciativa puesta en marcha por Mónica Hernández? ¿Crees que tendrá futuro?
- ¿Por qué se habla en el texto de «capitalismo salvaje»? ¿Qué otras alternativas se te ocurren para «el control económico»?
- ¿En qué sentido beneficia o perjudica el hecho de que haya bancos solidarios?
- ¿Has participado alguna vez en algún tipo de asociación benéfica?

Más Palabras

1. a. Los siguientes términos pueden utilizarse tanto en el ámbito económico como en el cotidiano. Relaciona cada uno con sus posibles significados.

1. Acción	**a.** Remuneración que se percibe o se paga por el uso temporal de una cantidad de dinero.
2. Hacienda	**b.** Cada una de las partes en las que se divide el capital de una sociedad anónima.
3. Crédito	**c.** Entidad de crédito donde las personas ingresan su dinero.
4. Bolsa	**d.** Cantidad de dinero que se concede a una persona física o jurídica y por la que paga unos intereses.
5. Interés	**e.** Departamento de la Administración encargado de elaborar los presupuestos, recaudar los ingresos y coordinar y controlar los gastos de los diferentes departamentos.
6. Banco	**f.** Depósito bancario en una entidad financiera.
7. Ingreso	**g.** Entidad colectiva constituida con arreglo a la Ley, con facultad para dedicarse al objeto social declarado en sus estatutos.
8. Cuenta	**h.** Entrada de dinero que procede de la comercialización de los bienes y servicios ofrecidos por la sociedad, o de manera extraordinaria de operaciones financieras.
9. Pensión	**i.** Importe que la Seguridad Social paga de forma periódica, temporal o vitalicia por jubilación, viudedad, orfandad o incapacidad laboral.
10. Sociedad	**j.** Mercado financiero donde se compran y venden bienes, títulos, acciones.

b. Define los términos anteriores según su uso en el ámbito cotidiano.

2. a. Completa esta tabla con los siguientes verbos del ámbito económico.

• abonar • respaldar • producir • ocultar • traspasar
• desproteger • tramitar • incumplir • transferir
• acrecentar • consumir • pagar • disminuir
• declarar • gestionar • cumplir

	verbo	sinónimo	antónimo
1.			adeudar
2.	avalar		
3.		generar	
4.			retener
5.	incrementar		
6.		manifestar	
7.			obstaculizar
8.	formalizar		

b. Relaciona los elementos de las dos columnas y forma expresiones del ámbito económico.

1. Amortizar	**a.**	el funcionamiento de una empresa.
2. Retener	**b.**	datos en la declaración de la renta.
3. Aprobar	**c.**	dinero de una cuenta a otra.
4. Ocultar	**d.**	parte del sueldo en la nómina para pagar impuestos.
5. Gestionar	**e.**	la fecha o el plazo de devolución de un préstamo.
6. Ampliar	**f.**	al comprador de un inmueble.
7. Traspasar	**g.**	la concesión de un préstamo hipotecario.
8. Incrementar	**h.**	una cuota mensual en concepto de pago.
9. Avalar	**i.**	parte de los intereses de un préstamo.
10. Abonar	**j.**	la rentabilidad de una inversión.

más palabras más palabras más más palabras más palabras más palabras más palabras más palabras MÁS PALABRAS más palabras más palabras palabras más palabras MÁS PALABRAS más palabras más palabras más palabras más más palabras palabras más palabras más palabras más palabras más palabras más palabras más palabras más palabras más palabras

3. En español existen numerosas expresiones idiomáticas relacionadas con el dinero y la economía. Asocia cada una con su significado.

1. Esos gastos pueden tener sentido en una época de bonanza, pero cuando *llegan las vacas flacas* hay que corregir esa tendencia.

2. El naval es un sector muy complicado y para acceder a nuevos mercados internacionales hay que *apretarse el cinturón*, es muy difícil no tener pérdidas debido a la feroz competencia que existe.

3. Nuestra economía se encuentra estancada y debemos *remontar la cuesta de enero*, que además de ser cada año más difícil, en esta ocasión se ve agravada por impuestos onerosos.

4. Los principales accionistas se han quedado, este año, sin dividendos y la salida a Bolsa les *ha costado un riñón/un ojo de la cara*.

5. Según Bárbara, su cuñado tenía dinero, pero *era un agarrado*, nunca se gastaba nada. No entendía cómo su hermana se había casado con un tipo así.

6. A final de mes siempre *estoy en números rojos*, así que no puedo salir ni al cine ni a restaurantes y veo una película en la televisión y como en casa.

7. Con esta empresa que acabo de montar *me ha tocado el gordo*. Un equipo directivo de lujo, una demanda de productos muy alta, y unos inversores atrevidos.

8. El jefe *es un manirroto* y, si sigue derrochando así el dinero, llevará la empresa a la bancarrota.

b. Periodo de dificultades económicas a consecuencia de los gastos extraordinarios hechos durante las fiestas de Navidad.

a. Tener que reducir los gastos por escasez de medios.

c. Ser o salir muy caro.

d. Ser un tacaño.

e. Periodo de escasez.

f. No tener dinero.

g. Ser muy pródigo.

h. Tener mucha suerte.

Ahora tú

- ¿Qué habría que hacer para prevenir la llegada de las vacas flacas?
- ¿Qué gastos son los primeros que recortas cuando te aprietas el cinturón?
- ¿Te ha tocado alguna vez remontar la cuesta de enero?
- ¿Alguna vez te has comprado algo que costara un ojo de la cara o un riñón?
- ¿Conoces a alguien que sea un poco agarrado?
- ¿Has vivido una época de vacas gordas? ¿Cómo la recuerdas?
- ¿Eres o has sido en alguna ocasión un manirroto?
- ¿Has estado alguna vez en números rojos? ¿Cómo te enteraste?

Destacado

1. Lee la historia de la empresa de juguetes Imaginarium y asocia cada párrafo con su título correspondiente.

a. Definición de la empresa **b.** Otros proyectos de la empresa **c.** Tipo de *marketing*
d. Objetivos de los productos **e.** Breve historia **f.** Tipo de productos

1. ☐

Imaginarium es una empresa privada de juguetes de Zaragoza que propone, por primera vez, la educación y el juego como concepto indisoluble a partir del cual se crean productos y servicios especializados para dar soluciones a padres e hijos. Félix Tena la fundó en 1992 como respuesta a un mercado que había olvidado la esencia educativa del juguete. Su misión era contribuir a la formación humana de los niños con creatividad y diversión.

2. ☐

En 1994 se abre la primera franquicia en Alicante y se crea el Club Imaginarium con la intención de establecer un canal directo de comunicación con los clientes para conseguir una mayor fidelización. Imaginarium inicia su andadura internacional con la apertura de sus dos primeras franquicias en Portugal y Colombia. Está presente en 28 países y cuenta con 348 tiendas (161 propias y 187 franquicias).

3. ☐

La marca apenas invierte en publicidad en medios convencionales, basando su comunicación externa en la relación y trato directo con el cliente como canal principal.
La doble puerta de las tiendas Imaginarium, una para los adultos y otra más pequeña para los niños, es un símbolo de identidad de la marca para millones de personas que hoy conocen el prestigio de esta empresa en todo el mundo.
Utiliza el *visual merchandising* de última generación en sus tiendas unido a un espacio de venta no inferior a 150 m^2.

4. ☐

Imaginarium crea productos adaptados a las necesidades de diversión y aprendizaje de los niños de 0 a 8 años.
Los productos son revisados por expertos infantiles y una guía permite a las familias identificar en cada producto los valores humanos y sociales que potencian en los niños.
Cada año salen a la luz dos colecciones con aproximadamente 400 novedades y un total de 2 000 referencias.

La empresa

5. ☐

Todos los productos tienen tres fines principales: conseguir que los niños se diviertan más y mejor; fomentar una más completa formación y desarrollo y promover oportunidades para que padres e hijos compartan momentos de calidad. Responden, además, a valores fundamentales como la calidad, la seguridad, los valores formativos, los valores lúdicos, el no sexismo y un contenido no bélico de tal manera que el niño no sea el espectador, sino el protagonista. Además, desde 2001 cuentan con una editorial propia, con libros publicados en siete idiomas que pueden encontrarse también en formato digital.

6. ☐

Imaginarium ha participado en campañas de solidaridad donde niños de varios países prepararon con sus propias manos regalos para otros niños que recibieron así un mensaje de afecto y de esperanza. También colabora con UNICEF para financiar programas de ayuda y realiza donaciones de sus productos a entidades benéficas para que puedan trabajar con los niños más desfavorecidos o en riesgo de exclusión social.

Adaptado de http://www.imaginarium.es

2. Estas son cinco razones para invertir en Imaginarium. Ordénalas según su importancia desde tu punto de vista y justifica tus razones.

☐ **Por ser un negocio real, actual y futuro.** Una tienda Imaginarium es una forma tangible de rentabilizar el dinero y obtener los beneficios de una gran empresa sin dejar de gestionar un negocio propio.

☐ **Por sus facilidades.** Al ser una marca consolidada proporciona mayor solvencia frente a bancos y centros comerciales aportando todo su conocimiento para la ejecución del proyecto.

☐ **Por ofrecer respaldo profesional al inversor.** Cuenta con un equipo profesional que da soporte a todos los ámbitos, ofreciendo además una formación inicial y continuada durante toda la duración contractual.

☐ **Por su ubicación.** El asesoramiento y conocimiento de equipo de Imaginarium hace posible tener acceso a las mejores ubicaciones tanto en la calle como en los centros comerciales.

☐ **Por contar con unos valores sólidos.** Los valores de la marca, comprometidos con la educación y desarrollo de los niños, que son compartidos por todos los padres del mundo.

3. Une los elementos de las dos columnas para formar refranes relacionados con el dinero.

1. *La avaricia...*
2. No es oro...
3. Quien presta a un amigo...
4. Por dinero,...
5. Las cuentas claras...
6. Poderoso caballero...
7. El que parte y reparte...
8. No es más rico el que más tiene,...
9. El que guarda…
10. La prosperidad hace necios;...

a. es don Dinero.
b. *rompe el saco.*
c. y el chocolate espeso.
d. se lleva la mejor parte.
e. todo lo que reluce.
f. compra un enemigo.
g. baila el perro.
h. siempre tiene.
i. la adversidad, discretos.
j. sino el que menos necesita.

Ahora tú

- ¿Qué refrán te ha gustado más? Justifica tu respuesta.
- ¿Hay algún refrán similar en tu lengua?
- Elabora un informe oral sobre una de las empresas de tu país más destacadas teniendo en cuenta su historia desde sus orígenes hasta nuestros días.

ECONOMÍA

1. Aquí tienes información acerca de algunos conocidos economistas. Completa las fichas con uno de los siguientes términos.

- alcaldesa
- instituciones multilaterales
- sistemas impositivos internacionales
- términos del intercambio
- círculos políticos izquierdistas
- politólogo y ensayista
- tiempos de represión
- identidad nacional
- gerente general
- golpe de Estado
- ecologismo político
- economía internacional
- modelo de gestión
- servicios públicos
- aportes teóricos
- temas agrarios
- comité científico

1. España

Joan Martínez Alier (1939)

Catedrático de Economía e Historia Económica de la Universidad Autónoma de Barcelona es autor de varios estudios de (1) .... en Andalucía, Cuba y la sierra de Perú. Es miembro fundador de la Sociedad Internacional de Economía Ecológica y de la Asociación Europea de Economía Ambiental. Ha colaborado en revistas alternativas y es miembro del (2) .... de la Agencia Europea de Medio Ambiente. Ha introducido la historia ecológica en España y ha impulsado el (3) ....

Adaptado de www.ecoticias.com

2. México

Daniel Cosío Villegas (1898 – 1976)

Economista, historiador, sociólogo, (1) ...., fundador del Fondo de Cultura Económica y de la Escuela Nacional de Economía. Fue uno de los pocos críticos de Luis Echeverría Álvarez en los tiempos de la República. Sus ácidos artículos en el periódico *Excélsior* destacaron sobre todo en (2) .... En 1947 publicó su ensayo *La crisis de México*, una explicación del fracaso de las promesas de la Revolución mexicana, y expuso también que México estaba perdiendo su (3) .... frente al inglés. Uno de sus libros que resultó ser un hito fue *La sucesión presidencial* (1975), en el cual explicaba varios tabúes sobre la presidencia de México del Partido Revolucionario Institucional (PRI).

Adaptado de blogjesussilvaherzogm.typepad.com

3. Perú

Hilda Gadea (1925 – 1974)

Esta economista y dirigente de la Alianza Popular Revolucionaria Americana se hizo famosa por haber sido la primera esposa de Ernesto Guevara, siendo ella quien lo introdujo en los (1) .... cuando aquel se encontraba en Guatemala en 1954. Fue detenida y liberada después en relación al (2) .... impulsado por la CIA en 1954, y tuvo que emigrar a México. Allí volvió a reunirse con Ernesto Guevara, con quien se casó en 1955. El 15 de febrero de 1956 nació la hija de ambos, Hilda Beatriz Guevara Gadea.

Adaptado de pospost.blogspot.com

Y ECONOMISTAS

4. Colombia

Elsa M. Noguera de la Espriella (1973)

Economista y política, fue la primera (1) .... de Barranquilla. Antes fue secretaria de Hacienda de la administración del alcalde Alejandro Char.

Fue declarada la mejor funcionaria de esa cartera en Colombia por la aplicación de un (2) .... que permitió sanear las arcas del distrito de Barranquilla. Noguera propone el fortalecimiento de las instituciones para que sean capaces de proveer los bienes y (3) .... de manera oportuna y eficaz haciendo un uso adecuado de los recursos del Estado.

Adaptado de www.zonacero.info

5. Chile

Sebastián Edwards Figueroa (1953)

Es un economista, consultor internacional y escritor radicado en EE. UU. que escribe sus novelas en español y sus libros de economía en inglés. Es autor de numerosos artículos sobre (1) ...., macroeconomía y desarrollo económico en importantes revistas especializadas. Además, ha sido también consultor de numerosas empresas e (2) .... y testigo experto en diversos litigios relacionados con activos financieros, transacciones financieras internacionales, (3) .... e inversión extranjera directa.

Adaptado de www.revistaintemperie.cl

6. Argentina

Raúl Federico Prebisch Linares (1901 – 1986)

Tras desempeñar varias funciones públicas [llegó a ser (1) .... del Banco Central desde su creación en 1935 hasta 1943], en 1949 se hizo cargo de la secretaría general de la Comisión Económica de las Naciones Unidas para América Latina y el Caribe, desde donde realizó los (2) .... que lo hicieron mundialmente conocido. Pasó a la historia como uno de los creadores de la teoría del deterioro de los (3) .... que explicaría por qué los países subdesarrollados resultan perjudicados en el comercio con las naciones avanzadas.

Adaptado de www.materiabiz.com

Ahora tú

- ¿Cuál de estos economistas crees que ha contribuido más al desarrollo de su país? Explica tus razones.
- Busca información sobre un economista célebre de tu país y explica en clase por qué es o ha sido importante, si teorizó sobre algún tema, qué reformas hizo, etc.

Expresión e interacción

Exposición

1. a. Lee la información sobre las siguientes viviendas y prepara un informe en el que deberás:

- Indicar cuál se ajustaría más a tu estilo de vida.
- Decir cuáles son las ventajas e inconvenientes a la hora de comprar/alquilar una de ellas.
- Explicar, en caso de comprarla o alquilarla, el plan presupuestario y los posibles recortes de gastos innecesarios.

b. Presenta tu informe en clase.

antigua masía

Hábitat Confort

- Construcción rural a las afueras. Reformada.
- Azulejos originales del siglo XVI.
- Electrodomésticos nuevos de gama alta.
- Finca de 1 000 m² con olivos.
- Acogedora, espaciosa, luminosa.

casa domótica

Hábitat Confort

- Vivienda inteligente de nueva construcción.
- Sistema de control centralizado de todas las aplicaciones domésticas.
- Ahorro energético, respeto del medio ambiente, confort y seguridad.
- Situada a las afueras.

ático urbano

Hábitat Confort

- Azotea con inmejorables vistas al mar.
- Acabados de lujo.
- Decoración y muebles de estilo minimalista.
- Comunidad exclusiva con conserje.

Estrategias de expresión oral
Presentar un informe

- Explica tus objetivos al principio de la presentación y resume las ideas principales al final.
- Utiliza un léxico específico y la terminología propia de la disciplina.
- Explica los términos específicos que utilices para que el público te entienda.
- Utiliza verbos y palabras que expresen objetividad, e intenta no dar tu opinión.
- Interpreta los gráficos y las imágenes que incluyas. Deja unos segundos para que la audiencia los vea y entienda bien.

Conferencia

La jubilación: ¿un lujo o un derecho?

La política sobre la edad de jubilación y sobre la prestación social que reciben las personas varía mucho de un país a otro.

2. Prepara una conferencia en la que incluyas las siguientes cuestiones:

- ¿Tendría que haber una única edad de jubilación para todos los sectores? ¿Cómo debería ser la transición hacia la jubilación?

- ¿Qué razones deberían tenerse en cuenta para jubilar a una persona?

- ¿Es justo que en algunos países se perciba una pensión mayor como jubilado que en otros? ¿Se trata de un derecho o simplemente cada uno se debe preocupar de sí mismo y planificar su futuro?

- ¿Se debería homogeneizar para que fuera la misma en todos los países?

- ¿Crees que la jubilación como la entendemos hoy en día va a seguir igual o va a cambiar?

Estrategias de expresión oral
Conferencia

- **Adecuación.** Selecciona ideas o argumentos adecuados y pertinentes al tema y que estén relacionados entre sí.
- **Coherencia.** Desarrolla el tema y las diferentes ideas de manera progresiva para que el público pueda seguir la información.
- **Cohesión.** Selecciona los conectores y las expresiones hechas que te interesen según su función.
- **Variación.** Utiliza términos relacionados con el tema. Utiliza sinónimos y expresiones idiomáticas para evitar repeticiones.
- **Corrección.** Fíjate bien en la gramática a fin de utilizarla correctamente. Autocorrígete cuando sea necesario.

¡A debate!

Pensad en las siguientes cuestiones y debatidlas en clase.

Banca ética: una solución para reducir la especulación en los mercados

En los últimos años muchos ahorradores se han decantado por la banca ética, un tipo de banco que es transparente con los beneficios que obtiene y con lo que invierten en el sector social.

- Es necesario un nuevo modelo ético del sistema financiero.
- Una banca ética resolvería los problemas de corrupción.
- Importancia de que los ahorros no vayan destinados a ningún fin no deseado.
- Deber de los bancos de informar públicamente de sus actividades: consecuencias de esta práctica.

Recursos Comunicativos

Mostrar escepticismo
- (Yo) tengo mis dudas (al respecto).
- No me convence del todo.
- No sé qué quieres que te diga.
- No me acaba de convencer.
- No acabo de verlo.
- Yo no me atrevería a afirmar tal cosa.

Expresar desconocimiento
- No tengo ni las más mínima idea.
- Ignoro/Desconozco eso/lo que...
- No estoy al corriente/al tanto de...
- ¡Quién sabe si...!
- No sabía que...
- No me consta que...

Tema 10

Sumario

En portada
Biografía y entrevista al humorista Ángel Martín.

Más palabras
Recursos humorísticos.
Expresiones idiomáticas.
Chistes.

Destacado
El mundo del humor en la publicidad.

ESPECIAL MUNDO HISPANO
¿Conoces a Les Luthiers? Humoristas hispanos.

Cierre
Expresión e interacción orales
- Contar un chiste.
- Debate. ¿Dónde están los límites del humor?

Completa la frase *El que ríe el último...*

- [ ] **A.** ríe mejor.
- [ ] **B.** nunca ríe.
- [ ] **C.** ríe peor.

El que ríe el último...

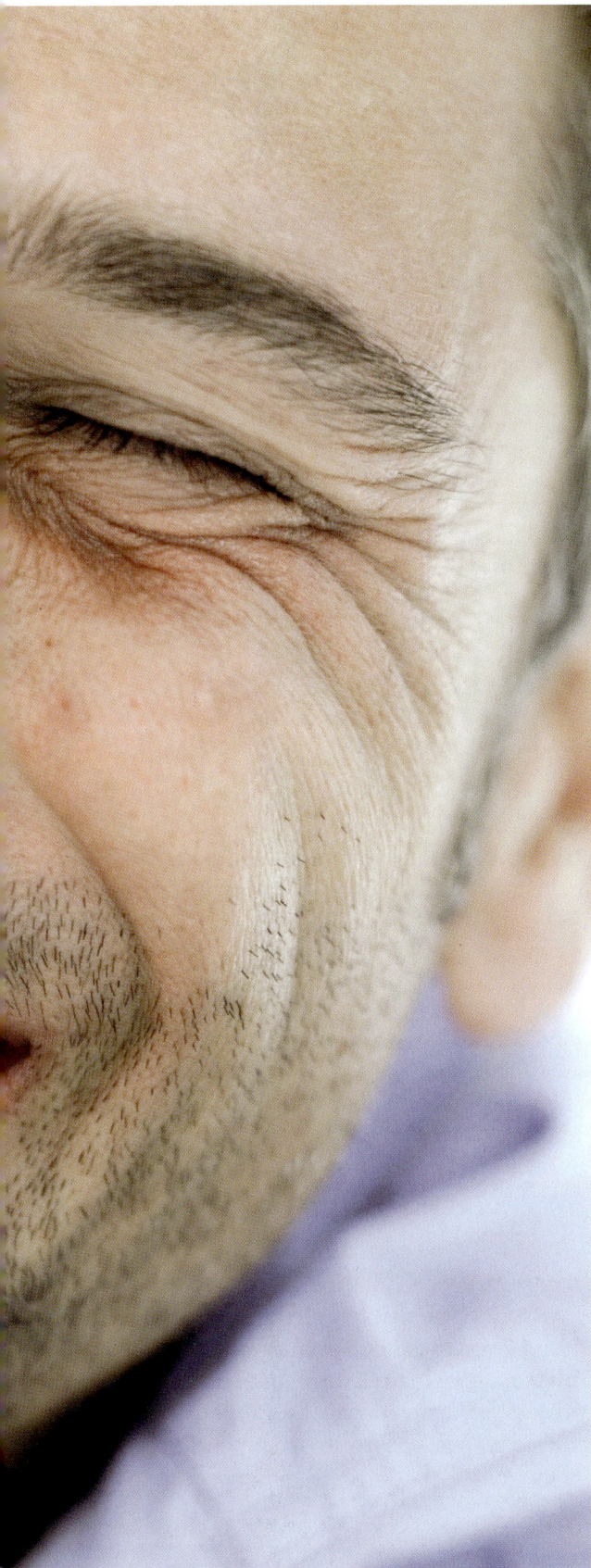

"*El humor se tiene o no se tiene y es la manera de ver las cosas con claridad*".

Antonio Mingote, dibujante español

"*El sentido del humor consiste en saber reírse de las propias desgracias*".

Alfredo Landa, actor español

"*El humor, además de ser expresión del pensamiento libre, tiene otra condición que le hace particularmente temible: es incontestable*".

Laureano Márquez, humorista venezolano

"*Lo mejor es dejarse sorprender* ".

Ángel Martín, actor español

"*Cuando al tirano se le puede llamar tirano, el humor deja de ser necesario*".

Enrique Jardiel Poncela, escritor español

"*El escritor es un hombre sorprendido, el amor es motivo de sorpresa y el humor, un pararrayos vital*".

Alfredo Bryce Echenique, escritor peruano

Ángel Martín

Reconstruye oralmente la biografía del humorista Ángel Martín, a partir de los siguientes datos.

- Barcelona (España), 1977.
- Guionista y presentador de televisión de programas de humor satírico (2006-2011).
- Actor en cortometrajes como *Pernambuco* (2006), *Marta Molina* (2007).
- Premio TP Oro, mejor presentador (2007 y 2008).
- Actor de teatro: comedia de enredo, *¡Que viene Richi!*, (2008) y comedia musical, *Nunca es tarde* (2011).
- Monologuista: *1,2,3... probando*; *Psicofonías y espiritismo*; *Cuentos infantiles*.

Adaptado de varias fuentes

La entrevista

1. a. Estas cuestiones corresponden a la entrevista con Ángel Martín. Relaciona cada una con su respuesta.

Preguntas

1. ¿Es verdad que con la presentadora Patricia Conde lo pasabais tan bien como parecía en pantalla?

2. ¿Cómo te surgió la oportunidad de hacer teatro?

3. ¡Y tanto, que con el colaborador del programa Dani Mateo llegaste a compartir piso!

4. ¿Cómo viviste esa faceta de desesperado amigo de Richi?

5. ¿Es cierto que has enchufado a tu amigo en *Sé lo que hicisteis*?

6. No es extraño que para muchos seáis el modelo perfecto de la nueva televisión inteligente...

7. ¿Qué parte del programa disfrutabas más: la crítica o la surrealista?

Ángel Martín: «Lo que más me gusta es salirme del guion»

A su mirada de chico bueno la traiciona cierta sonrisa chispeante y algo canalla. Forjado en el arte del monólogo, constituye un modelo de profesional mediático ejemplar en nuestro tiempo: hace gala de un irresistible encanto natural, que sabe recrear sobre un discurso comunicativo que
5 divierte y estimula a partes iguales.

a. ☐

Yo ya había comentado que me apetecía implicarme en un proyecto de interpretación de ficción y ¡*Que viene Richi!* ha sido la primera obra que ha realizado la productora Globomedia como tal, sin basarse en un
10 programa de televisión. Se vio en el *casting* que yo encajaba en uno de los papeles, me lo ofrecieron y acepté enseguida porque me gustó mucho la idea y porque podía implicarme sin tener que renunciar a mi labor televisiva.

b. ☐

15 Estaba encantado con el personaje de Guillermo, un arquitecto cuya vida cuenta aparentemente con todos los ingredientes para fluir estupendamente, pero en el fondo las cosas no le están funcionando como deberían... hasta que recibe una llamada telefónica de un tipo al que no conoce, pero que le ha salvado la vida en el pasado. Prefiero no desvelar
20 más detalles, porque lo mejor es dejarse sorprender, pero digamos que ese supuesto «ángel de la guarda» llamado Richi no será precisamente el refugio ni la válvula de escape que necesita.

c. ☐

Sí, claro. Como auténticos niños. Hay un trabajo muy duro detrás porque
25 llegábamos a las nueve de la mañana y estábamos escribiendo todo el día.
Pero como se nos permitía jugar tanto y probar experiencias nuevas con la
sensación constante de que se estaba confiando plenamente en nosotros, al
final lo pasábamos estupendamente. Era un trabajo entre amigos.

d. ☐

30 Sí, sí, incluso eso. Nos conocimos dentro del circuito de comedia, hace si-
glos. Algunos años más tarde, yo vine a trabajar a Madrid como guionista
para la serie *Siete vidas*; y después me siguió Dani, para trabajar en *Noche
sin tregua*. Así es como surgió el que viviéramos juntos. Fue muy gracioso.

e. ☐

35 ¡Claro que sí! ¡Lo he hecho en toda regla, es la verdad! Podríamos decir
que entró en el programa por su talento, pero no es cierto... ¡que lo asuma
y ya está!

f. ☐

Realmente, lo que prefería era la combinación de locura y experimenta-
40 ción. Los mejores momentos llegaban cuando se nos iba un poco la cabeza
y realizábamos algún disparate que no estaba previsto en el guion...

g. ☐

¡No creo que lo hayamos logrado! Solo hicimos un programa nuevo que
funcionó muy bien. De momento nos quedamos sencillamente con el
45 mérito de haber sido el programa que más ha llamado la atención en esa
época. Lo que sí es cierto es que se consiguió crear una oferta diferente
porque se buscaron cómicos para hacer un espacio de comedia y se pensó
más en la química entre la gente que lo realiza que en otras motivaciones
como las caras de los presentadores y colaboradores... y eso es un criterio
50 bastante original.

Adaptado de la entrevista de Maica Rivera

🔘 **b. Escucha y comprueba.**

12

2. Explica el significado de estas frases según el contexto de la entrevista.

1. Estar forjado en el arte del monólogo.

2. Hacer gala de un irresistible encanto.

3. Encajar en un papel.

4. Fluir estupendamente la vida.

5. Ser un «ángel de la guarda».

6. Preferir la combinación de locura y experimentación.

7. Irse un poco la cabeza.

Ahora tú

- ¿Te sueles reír con la televisión o en el cine? ¿Te gustan los programas de humor?

- ¿Qué programas o películas de humor conoces? ¿Cómo los describirías? ¿Qué tipo de humor utilizan?

- ¿Consideras que el tipo de humor que a uno le gusta está relacionado con su personalidad?

- ¿Cómo crees que se consigue tener química con la gente y provocarle la risa?

- ¿Crees que tienes una profesión en la que te lo pasas bien? ¿Te ríes a menudo en tu trabajo? ¿Te deberías reír más?

Más Palabras

1. En español existen expresiones que utilizan sonidos o palabras que invitan al humor. Trata de adivinar el significado de las que te proponemos.

1. Casi *me da un patatús* cuando he visto que no tenía el pasaporte en el bolso.
  a. un ataque
  b. un golpe

2. Últimamente *está un poco plof.* Ha perdido el empleo y no tiene amigos que lo animen.
  a. cansado
  b. triste

3. ¿Siguen sin hacernos caso? Pues *a mí plin*, yo ya he hecho todo lo posible por cambiar las cosas.
  a. me da igual
  b. me encanta

4. Siempre haces todo *al tuntún*. Piensa antes de actuar, porque sin reflexión es difícil que salga bien lo que quieres.
  a. haces todo al revés
  b. improvisas

5. *Faltó un tris* para que me contara lo del jefe, pero como nos teníamos que marchar, me quedé sin saberlo.
  a. una oportunidad
  b. muy poco

6. Ese chico que se sienta al final de la clase *me hace tilín*. Creo que tiene algo especial.
  a. me gusta
  b. me hace reír

7. ¡*Qué guirigay* se ha montado en el vestuario! Todo el mundo estaba hablando a la vez y no se entendía nada.
  a. confusión
  b. discusión

8. ¡*Qué tiquismiquis eres*! ¿Qué más da si el jarrón está más a la derecha o más a la izquierda?
  a. eres muy detallista
  b. eres un poco maniático

9. Se nota que *está piripi*, va por la calle balanceándose de un lado para otro. ¡A saber cuántas copas se habrá tomado!
  a. borracho
  b. loco

10. *Tuvo un rifirrafe* con los vecinos por la fiesta que montaron y que duró hasta las cinco de la mañana.
  a. una discusión fuerte
  b. una leve discusión

2. a. Estos son algunos recursos que se utilizan en el humor. Léelos y relaciona cada uno con su definición.

Recursos:

1. Hipérbole. Ej.: *¡Está más enchufada que un árbol de Navidad!*

2. Ironía. Ej.: (a una persona con un vestido que no te gusta). *¡Ya me dirás de dónde te has sacado ese vestido taaaan bonito!*

3. Paronomasia. Ej.: *¿Qué le dice una iguana a otra? ¡Somos iguanitas!*

Definición:

___ Se da a entender lo contrario de lo que se dice.

___ Juego de palabras basado en el parecido fonético entre ellas.

___ Es una exageración que muchas veces se forma mediante una comparación.

ras **más palabras** más palabras **más** más **palabras** **más palabras** más palabrasmás palabras **más palabras** más palabr
abras MÁS PALABRAS más palabras más palabras **palabras** más palabras MÁS PALABRAS más palabras **más palabras** más palabras más palabras
alabras **más palabras** **más palabras** más palabras **más palabras** más palabras **más palabras** más palabras **más palabras** **más palabras**más palabras
alabras *más palabras*más palabrasmás palabras más palabras más palabras *más palabras*más palabras**más palabras** **más palabras**más palabras
ros más palabras más palabras palabrasmás palabras **más palabras** más palabras más palabras *más palabras* más palabras más palabrasmás

b. Lee estos textos y di qué recurso se utiliza en cada uno para conseguir humor.

1. Era una adivina tan buena, tan buena, tan buena que no solo adivinaba el futuro, sino también el pretérito pluscuamperfecto de subjuntivo.

2. ¿Qué le dijo una chinche a otra? Te quiero chincheramente.

3. Llega un niño de la escuela y le dice a su papá: «Papá, hoy en la escuela escribí 3 597 hojas». Y el papá le contesta: «¡Ay, hijo, te he dicho 1 756 934 veces que no seas tan exagerado!».

4. -¿Cómo se llama el ladrón de motos más famoso de Japón?
- Yoquito Tumoto.

5. Un padre le dice a su hijo: «Hijo mío, la felicidad está hecha de pequeñas cosas: un pequeño yate, una pequeña mansión...».

Ahora tú

- ¿Qué texto de los anteriores te parece más divertido o ingenioso? ¿Por qué?
- ¿Qué problemas tienes para entender el humor en otro idioma? ¿Se parece al humor de tu lengua materna?
- ¿Has contado alguna vez un chiste en español? Explica tu experiencia.
- ¿Sabes cuál es la diferencia entre un chiste y una broma? ¿Sucede lo mismo en tu lengua?

3. Las siguientes palabras tienen varios significados. Relaciónalas.

Sustantivos	Verbos
• química • diario	• doblar • vencer
• espacio • esposa	• reconocer • plantar

1._____
a. mujer casada
b. objeto para atar las manos

2._____
a. periódico
b. cada día

3._____
a. lugar
b. parte de la astronomía

4._____
a. ciencia que estudia la materia
b. conectar con una persona, entenderse con ella

1._____
a. examinar a un paciente
b. identificar a alguien

2._____
a. plegar una prenda
b. traducir una película

3._____
a. terminar un plazo
b. ganar una competición

4._____
a. meter en la tierra
b. no ir a una cita con alguien

4. a. Relaciona las columnas y completa lógicamente estos chistes.

1. Era un príncipe tan feo, tan feo, tan feo que...
2. Tenía la cabeza tan pequeña, tan pequeña, tan pequeña que...
3. Era un médico tan tonto, tan tonto, tan tonto que...
4. Era un ladrón tan tonto, tan tonto, tan tonto que...
5. Era un coche tan malo, tan malo, tan malo que...
6. Era una persona tan golosa, tan golosa, tan golosa, que...

a. en lugar de matrícula tenía suspenso.
b. a los enfermos con paro cardiaco los apuntaba en la oficina de desempleo.
c. cuando robaba se llevaba los maniquíes para que no hubiese testigos.
d. no le cabía la menor duda.
e. entró en una pastelería, se le hizo la boca agua y se ahogó.
f. Cenicienta se fue de palacio a las 17 h.

b. Completa estos otros chistes y coméntalos en clase.

- Era tan alto, tan alto, tan alto que...
- Tenía la boca tan pequeña, tan pequeña, tan pequeña que...
- Era un alumno tan atento, tan atento, tan atento que...

1. ¿Estás a favor o en contra de las siguientes opiniones relacionadas con el humor?

1. Pienso que el humor y la inteligencia no se pueden separar, van firmemente unidos. No conozco a nadie que sepa hacer humor y que no sea inteligente.

2. No me gusta nada cuando la gente se ríe de temas como la muerte, las enfermedades, etc. Es decir, creo que el humor sobre esos asuntos no debería existir.

3. Jamás voy a un espectáculo que sea de humor porque me cuesta mucho reírme y me parece que tiro el dinero. A lo mejor es que no tengo sentido del humor.

4. Creo que la felicidad está relacionada con el humor. Generalmente las personas que tienen sentido del humor son más felices.

5. El sentido del humor tendría que ser la chispa de la vida y el motor que nos moviera a todo el mundo, en lugar del enfado continuo. Deberíamos aprender a reírnos más de nosotros mismos.

6. No podría ser humorista, me parece una de las profesiones más difíciles que existen porque tienes que estar creando nuevas ideas constantemente.

2. a. Relaciona las columnas según la lógica y forma eslóganes publicitarios.

1. *Hoteles RM.*
2. No me abandones en cualquier sitio.
3. Andalucía sabe.
4. ¡A mí plin!
5. *No te enredes y deja que te acaricien.*
6. Pestañas LAAAARGAS.
7. ¿Vives al este del edén?
8. TOMA NUESTRO RON.
9. Tris-Tras.
10. La cama de tus sueños...

a. Elige nuestro saber y sabor cada día.
b. Visita nuestra exposición y entra en el paraíso cuando quieras.
c. Tu pelo sedoso con solo un lavado.
d. El oro negro.
e. Sshh… buenas noches.
f. Yo duermo en Pikolín.
g. Ponme en mi lugar.
h. La mar de opciones y el mar en tus manos.
i. Guapos y guapas por delante y por detrás.
j. Prueba nuestra máscara única con extracto de plantas.

El humor en la publicidad

b. ¿Qué servicio o producto crees que anuncian los eslóganes anteriores? Elige entre los que aparecen en la lista y:

- Justifica tu respuesta con ejemplos.
- Comenta cómo se utiliza el lenguaje publicitario.

Una campaña a favor del reciclaje

Una academia de idiomas

Un anuncio de turismo

Una marca de yogures

Un champú

Una cadena de hoteles

Un edificio de nueva construcción

Una peluquería

Un suavizante para la ropa

Una bebida

Un colchón

Una tienda de muebles

Una marca de mascarilla de pestañas

3. Fíjate en las siguientes imágenes, explica cómo se utiliza el humor y crea un eslogan publicitario para cada una de ellas. Expón tus ideas en clase.

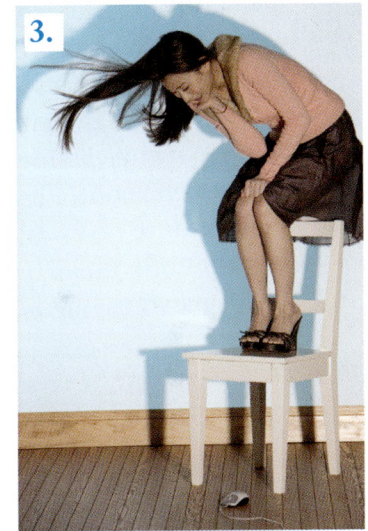

1.

2.

3.

----

4. En grupos, cread un anuncio publicitario para exponer en una valla publicitaria de vuestra ciudad. Para ello tenéis que:

- Pensar en un producto y en una imagen que lo represente.
- Elegir un nombre para el producto y dibujar una etiqueta seleccionando una tipografía, un color y un tamaño.
- Pensar en un eslogan divertido y que llame la atención de los consumidores.
- Exponer vuestro anuncio en clase.

SENTIDO

1. Lee los siguientes textos para conocer a algunos humoristas del mundo hispano y complétalos con esta información.

• desató las iras • los juegos de palabras que utilizaba no se traducían bien a otras lenguas
• organización dedicada a defender la libertad de expresión • creador de instrumentos musicales
• estar de pie en el escenario ante un público • dibujos satíricos
• hablar de forma incongruente y sin decir nada • como un elemento fundamental
• criticar sus costumbres y estilo gubernamental

1. Argentina 🇦🇷 Les Luthiers

Grupo humorístico que utiliza la música (1) _____ de sus actuaciones, con instrumentos creados a partir de materiales de la vida cotidiana. De ahí proviene su nombre *luthier*, que en francés significa (2) _____

Curiosidades:

Su humor se caracteriza por los juegos de palabras y por tener un humor directo y mordaz. Muchas veces hay que leer sus frases varias veces para entenderlas, pero todas ellas están llenas de humor e ironía:

1. Tener la conciencia limpia es síntoma de mala memoria.
2. Pez que lucha contra la corriente muere electrocutado.
3. Lo importante no es saber, sino tener el teléfono del que sabe.
4. Hay un mundo mejor, pero es carísimo.
5. Hay dos palabras que te abrirán muchas puertas «tire y empuje»

Adaptado de varias fuentes

2. México 🇲🇽 Cantinflas (Mario Moreno Reyes)

Denominado el «Charlie Chaplin» mexicano, fue el ganador de un Globo de Oro en 1957. Su personaje, Cantinflas, un hombre nacido en los barrios pobres, se asoció con parte de la identidad nacional de México y le permitió llegar hasta Hollywood a pesar de que (1) _____. La Real Academia Española incluyó las palabras *cantinflas*, *cantinflada* y *cantinflear* en su diccionario en 1992 con el significado esta última de (2) _____ .

Curiosidades:

Destacó también por su labor altruista, y fue nombrado embajador de la Paz por la Organización de Estados Americanos (OEA), en reconocimiento a su «brillante labor de acercamiento entre los pueblos del mundo».

Adaptado de varias fuentes

DEL HUMOR

3.   Colombia   Vladdo (Vladimir Flórez)

Caricaturista y dibujante ganador de varios premios internacionales. Uno de sus (1) .... más conocidos y polémicos es el que hace de la Casa de Nariño, el palacio presidencial de Colombia, creado en 1998 y luego modificado con cada nuevo presidente, ideado para (2) ....

Curiosidades:
Asegura que su pequeña creación, Aleida, es una hija del destino. Una caricatura que inventó hace años porque no encontró a la mujer perfecta, por lo que le tocó inventársela.

Adaptado de varias fuentes

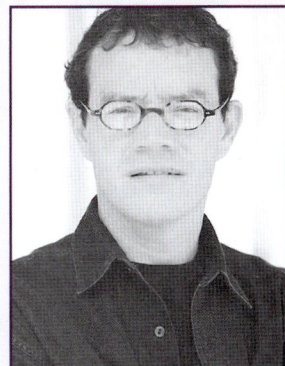

4.   Cuba   Alexis Valdés

Actor, director, humorista, guionista, monologuista, productor, compositor e intérprete de proyección internacional. Es conocido por participar en *El club de la comedia*, que explota un género de humor conocido como *stand-up comedy*, es decir, (1) ....
Se mudó a Miami para presentar un programa de humor y entretenimiento. Entre sus personajes más conocidos está Cristinito.

Curiosidades:
En la película *Madagascar*, ha puesto voz en castellano a Marty, la cebra.

Adaptado de varias fuentes

5.   Venezuela   Rayma Suprani

Es una de las pocas caricaturistas de Latinoamérica cuya pluma, Ana, (1) .... del mismísimo Hugo Chávez. Es periodista y trabajó en varios diarios, hasta alcanzar la fama en *El Universal*. En 2005, obtuvo el premio a la mejor caricaturista de la Sociedad de Prensa Interamericana, que es una (2) ....

Curiosidades:
Su nombre deriva de una rebeldía de su madre: «Creo que mi madre quiso para mí un nombre diferente». Se identificó desde muy temprano con la gráfica, rayando las paredes de su casa hasta que su madre hizo un acuerdo con ella para que rayara solo una pared.

Adaptado de varias fuentes

Ahora tú

- ¿Cuál de estos humoristas crees que te podría gustar más? ¿Por qué?
- ¿Conoces otros humoristas del mundo hispano? ¿Qué te parece su humor?
- ¿Qué humorista de tu país destacarías? ¿Qué puedes decirnos de él/ella?

Expresión e interacción

Contar un chiste

1. a. Observa la imagen, ¿qué crees que ha podido pasarle a esta vivienda? Haz hipótesis. Tu compañero las rechaza y formula nuevas hipótesis.

b. ¿Crees que puede ser divertido vivir en una casa así? Justifica tu respuesta.

2. a. Los siguientes chistes utilizan onomatopeyas. Une las dos partes para entender su significado y explica cómo se consigue crear el humor. Después leedlos en voz alta.

1. Papá, ¿por qué te llaman toro?
2. Van dos globos por el desierto y le dice el uno al otro:
3. Están dos vacas pastando y le dice una a la otra: «Muuuuuuuuuuuuuu».
4. Están dos pájaros hablando en una rama:
   - ¿Pío? -dice uno.
5. Van dos tomates por la carretera y le dice uno a otro:
6. - Beeeeeee.
   - ¿Cabra?
7. ¿Qué dijo un pez que se cayó de un octavo piso?
8. Le dice una ovejita a su mamá:

a. La otra le responde: «Me lo has quitado de la boca».
b. - Ten cuidado que viene un… chof.
   - ¿Qué?... chof.
c. - ¿Puedo ir a jugar al prado?
   - Veeeeee, veeeeee.
d. Aaaaaa... tún.
e. Muuurmuraciones, hijo, muuuurmuraciones.
f. - Haz lo que quieras.
g. - Qué vaaaaaaa.
h. Ten cuidado con el cáctusssssssssssssss.

Recursos Comunicativos

Hacer hipótesis
- Cabe/Existe la posibilidad de (que)…
- Es probable que…
- Igual…
- Me da la impresión/sensación de (que)…
- Podría ser que…
- Posiblemente/Probablemente…
- Puede que…
- Y si…

Rechazar hipótesis
- A mí me parece que quizás…
- Es bastante improbable que…
- Me parece poco probable/improbable…
- No estoy tan seguro de (que)…
- No las tengo todas conmigo…
- No tengo (tan) claro que…
- Tengo ciertas dudas sobre/acerca de…
- Yo no diría que…

orales

b. Completa la siguiente narración humorística con uno de los siguientes sustantivos. Después comentad cómo se consigue crear el humor.

- nota • distancia • resto • compañeros • carta • cara
- relación • hermanas • foto • sobre • ejecutivo • veces
- hombre • amistad • fotos • negocios • paquete
- novia • tías • papel

Un ...., que estaba destinado por .... temporalmente en París, recibe una .... de su .... desde Chile que decía lo siguiente:

Querido Alejandro:

Ya no puedo continuar con esta .... La .... que nos separa es demasiado grande. Tengo que admitir que te he sido infiel diez .... desde que te fuiste y creo que ni tú ni yo nos merecemos esto, lo siento. Por favor, devuélveme la .... que te envié. Con profunda ....,

María

El ...., muy herido, le pidió a todos sus .... de trabajo que le regalaran .... de sus novias, ..., amigas, ..., primas, etc. Junto con la foto de María, incluyó todas las fotos que había recogido. Había 57 fotos en el .... de .... y una .... que decía:

María, perdóname, pero no consigo recordar tu .... ni quién eres. Por favor, busca tu foto en el .... y devuélveme el ....

Estrategias de expresión oral
Contar un chiste

- Utiliza fórmulas típicas: *¿Te sabes aquel/ese de...?, Esto era..., Se abre el telón y..., Va un padre..., Era una persona tan, tan, tan... que...*
- Intenta que el final sea inesperado para mantener la atención.
- Utiliza recursos como juegos de palabras, exageraciones o ironía.
- Emplea onomatopeyas.
- Gesticula, modula el tono de tu voz y la entonación para representar a los diferentes personajes.
- No te rías mucho, deja que se rían los demás.

¡A debate!

Pensad en estas cuestiones y debatidlas en clase.

¿Dónde están los límites del humor?
- Podemos reírnos de todo y de todos.
- Está relacionado con la libertad de expresión.
- Está presente en cualquier sociedad.
- Tiene una función terapéutica y nos ayuda a llevar mejor una enfermedad o un problema.
- Importancia de técnicas como la risoterapia: ¿son efectivas?

Durante tu intervención deberás:
- Valorar cada una de las ideas.
- Opinar si estás a favor o en contra.
- Mostrar escepticismo.
- Presentar contraargumentos.

Recursos Comunicativos

Mostrar escepticismo
- No sé qué decirte.
- No me convence del todo.
- No me atrevería a afirmar tal cosa.
- Tengo mis dudas al respecto.
- No sé qué quieres que te diga.

Contraargumentar
- No te falta razón, pero/sin embargo/ahora bien...
- No hay duda de que... a no ser que...
- No digo que no, pero/sin embargo/ahora bien...
- No te niego/discuto que..., pero/sin embargo/ahora bien...

Gramática

Tema 1. El mundo en tus manos
- Usos del indicativo/subjuntivo: opinar y valorar
- El subjuntivo: expresar sentimientos
- Las oraciones concesivas y adversativas: expresar un contraste y una oposición

Tema 2. Un día de cine
- Los tiempos del pasado
- Las perífrasis verbales: expresar una acción acabada y en su desarrollo

Tema 3. Periodismo sin fronteras
- El artículo determinado e indeterminado
- La voz pasiva
- Conectores y locuciones preposicionales

Tema 4. Música para mis oídos
- Los verbos *ser* y *estar* con adjetivos
- La posición del adjetivo: antepuesto y pospuesto

Tema 5. A ciencia cierta
- Las formas no personales del verbo (infinitivo, gerundio y participio)
- Las oraciones condicionales

Tema 6. ¿Trabajar para vivir o vivir para trabajar?
- El subjuntivo: expresar obligación y necesidad
- Las perífrasis verbales: expresar obligación y comienzo de una acción
- Uso de las preposiciones y verbos con preposición

Tema 7. La literatura también está en la calle
- Los verbos de cambio
- Las oraciones de relativo
- Los verbos con preposición

Tema 8. Curarse en salud
- Usos del indicativo/subjuntivo: dar consejos
- Las oraciones temporales: expresar relaciones temporales entre acciones
- Valores del pronombre *se*

Tema 9. Tanto tienes, tanto vales
- Las preposiciones *por/para*
- Uso de las preposiciones
- Las oraciones causales y finales

Tema 10. El que ríe el último...
- Las oraciones consecutivas
- Las oraciones consecutivas y comparativas
- El estilo directo e indirecto
- Los tiempos del pasado

Tema 1. El mundo en tus manos

Usos del indicativo/subjuntivo: opinar y valorar

1. Lee el siguiente blog de opinión y complétalo con los verbos entre paréntesis en el tiempo y modo adecuados.

3 500 millones

3 500 millones es la mitad de la población mundial. 3 500 millones de personas que están condenadas cada día a la pobreza. ¿O no? Según algunos, este blog (ser) (1) _____ simplemente el relato de la contra-crisis y de sus protagonistas. Sin embargo, estamos convencidos de que sería imprescindible dar una mayor visibilidad a las vivencias e iniciativas desde cada rincón del planeta para que cualquier ciudadano (tener) (2) _____ la oportunidad de demostrar a los lectores por escrito que lo más correcto es también lo más inteligente.

Los autores de este blog solemos afirmar que somos activistas de la lucha contra la pobreza y es verdad que el objetivo de este blog es (conseguir) (3) _____ ser una plataforma de activismo, a través de la información, del análisis y de la opinión. Pero no creo que su labor (limitarse) (4) _____ exclusivamente a la lucha contra la pobreza.

Es cierto que, entre los temas que tratamos, la pobreza (ocupar) (5) _____ un lugar destacado, pero los derechos humanos, la salud y el cambio climático (por nombrar solamente algunos) (ser) (6) _____ igualmente importantes. Resulta verdaderamente impresionante que desde sus comienzos, hace solo dos años, el blog *3 500 millones* (liderar) (7) _____ ya tantas campañas diferentes.

Una de las más relevantes tuvo lugar en noviembre de 2011 con relación al cambio del reglamento de los Centros de Internamiento para Extranjeros. Nos parecía difícil que se (poder) (8) _____ conseguir las firmas necesarias, pero gracias a Avaaz se lograron recoger más de 42 000 firmas de apoyo. Más tarde, los dos editores del blog pensaron que (ser) (9) _____ importante lanzar una campaña a través de www.change.org en contra del *apartheid* sanitario de los inmigrantes sin papeles. Finalmente Gonzalo Fanjul consideró prioritario que (inaugurarse) (10) _____ nuestra más exitosa campaña a favor de la ley de transparencia en España que sigue abierta tras recabar más de 117 000 apoyos.

Creo que la elevada participación en todas nuestras campañas, por un lado, (reflejar) (11) _____ el éxito de este tipo de iniciativas y, por otro, (subrayar) (12) _____ su valor entre los ciudadanos. Por lo tanto, era normal que ante tal éxito muchos (calificar) (13) _____ el activismo *on-line* como activismo de salón, pero nosotros estimamos en ese momento que más (valer) (14) _____ ese tipo de activismo que ninguno.

Era evidente que el apoyo *on-line* para liderar una causa (ser) (15) _____ la antesala de un apoyo más contundente, aunque muchas personas no pensaran lo mismo. Es natural que este apoyo (implicar) (16) _____ el conocimiento de la causa por parte del firmante y que (hacer) (17) _____ de termómetro social con el que individuos y organizaciones construyen sus estrategias de presión política.

No creo que nuestros lectores (firmar) (18) _____ algo sin pensar en lo que verdaderamente significa o en las consecuencias. Es evidente que la sociedad (querer) (19) _____ blogs y acciones de este tipo y que la labor desempeñada por estos blogueros comprometidos debe ir encaminada a que (ser) (20) _____ un excelente ejemplo de cómo Internet puede ayudarnos a mejorar el mundo que nos rodea.

Adaptado de http://blogs.elpais.com

2. Lee las siguientes noticias y escribe tu opinión o valoración (positiva o negativa). Usa las estructuras siguientes.

+
- Es de buen gusto que
- Resulta sorprendente/impresionante que
- Me parece de perlas/de cine/de miedo que
- Me parece fácil que
- Creo/Pienso que es muy buena idea que
- Es cierto/evidente/verdad que

–
- Es de mal/pésimo gusto que
- Resulta vergonzoso/ofensivo que
- Me parece de pena que
- Me parece difícil/complejo que
- No creo que sea buena idea que
- No es cierto/evidente/verdad que

1. La *marea blanca* pide la intervención del Ministerio en el conflicto madrileño de privatización de los hospitales y reclama una sanidad pública en una nueva manifestación multitudinaria. (*ElPais.com*)

----

2. Facebook estudia cobrar hasta 100 dólares a sus usuarios para que estos estén seguros de que un mensaje pueda llegar a la casilla principal de un destinatario que no forma parte de su lista de amigos, en lugar de a la carpeta *otros*. (*LaRazon.com.ar*)

----

3. Con el propósito de concienciar a la sociedad sobre la importancia de trabajar en conjunto, los integrantes del movimiento *Flashmob* viajaron este domingo en el metro de Ciudad de México sin pantalones y se pusieron a bailar en público. (*Excelsior.com.mx*)

----

4. Activistas de derechos humanos y *bloggers* han utilizado el programa Google Earth, pensado para la recreación, la educación y el *marketing*, para consultar los mapas de Corea del Norte. Al hacerlo, han descubierto docenas de campos de prisioneros que se extienden por todo el país. (*ElMundo.es*)

----

5. Una mujer recorrió por error 1 450 km desde la localidad de Erquelinnes (Bélgica) hasta la capital croata, Zagreb, cuando intentaba llegar a Bruselas siguiendo las indicaciones de su GPS. (*ElPeriodico.com*)

El subjuntivo: expresar sentimientos

3. ¿Cómo reaccionarías en estas situaciones? Completa las frases con la forma correcta del subjuntivo.

1. El colectivo de estudiantes ecologistas te ha elegido como portavoz en las próximas elecciones.

⟶ Me sorprendería que --------------------------------

2. En tu ciudad se han producido varias manifestaciones en contra de la construcción de un moderno centro comercial.

⟶ Me alegraría de que --------------------------------

3. El Gobierno acaba de anunciar que a partir del próximo año los ciudadanos podrán votar a través de Twitter.

↦ Me daría miedo que _____

4. Una amiga te ha pedido que participes en una protesta colectiva que ella ha organizado en contra de la nueva reforma del sistema educativo.

↦ Me daría vergüenza que _____

5. En el colegio de tu pueblo todos los alumnos tienen que ir a clase con un ordenador portátil para poder realizar las actividades y seguir las clases.

↦ Desearía que _____

6. En el periódico se habla de unas nuevas medidas de seguridad para proteger a los usuarios de las redes sociales de posibles casos de suplantación de identidad.

↦ Me molestaría que _____

7. No has podido ir a trabajar debido a una manifestación en contra de los despidos y los contratos basura que ha bloqueado la circulación de los trenes y autobuses metropolitanos.

↦ Me haría gracia que _____

8. Cuando has llegado a clase, te has dado cuenta de que se había cancelado y que la profesora había avisado a los estudiantes a través de Facebook.

↦ Me fastidiaría que _____

Las oraciones concesivas y adversativas: expresar un contraste y una oposición

4. Transforma estas frases con el conector concesivo o adversativo que te damos. Haz los cambios necesarios.

1. Algunos sociólogos y economistas no están convencidos de que el movimiento de protesta del 15-M represente un avance social. El movimiento de protesta comienza a abrirse camino en nuestro país.

A pesar de que…

2. Los políticos saben que ejercer el derecho al voto es una cuestión totalmente libre y personal. Los políticos quieren obligar al ciudadano a que vote en las próximas elecciones.

Aun…

3. Todos se sorprenden de que un grupo sin líderes o afiliaciones políticas haya conseguido llegar tan lejos. Habrá que esperar y ver si son capaces de mantenerse fieles a sus ideales para poder juzgar el alcance del fenómeno.

Aunque…

4. Da igual si se consigue un consenso o no con los otros partidos políticos sobre la posibilidad de que los homosexuales se casen. El Gobierno actual promulgará una ley para que los homosexuales puedan casarse.

Tanto si… como si…

5. Las nuevas tecnologías no consiguen acercar la política a la ciudadanía. Los ciudadanos están abiertos a la participación y al diálogo con el sistema político.

Por mucho que…

6. Hay mucha gente que duerme en la calle. La Constitución española dice que la vivienda es un derecho fundamental.

   Incluso si…

7. Las personas que más chatean son las más sociables. Una investigación muestra que Internet no favorece el aislamiento, como muchos creen.

   … sino que…

8. La globalización es un tema que concierne a todo el mundo. Algunos países no quieren saber nada de la globalización.

   … no obstante…

9. Algunos sociólogos opinan que el movimiento del 15-M se expandirá a otros países de habla hispana. Otros sociólogos piensan que se trata de un movimiento débil sin recursos para expandirse fuera de los límites nacionales.

   … sin embargo…

10. Internet aumenta la autonomía de las personas. Internet consigue que haya más incertidumbre al permitirnos acceder a toda la información.

    A pesar de…

5. Lee este texto y elige el conector adecuado.

¿Por qué indignarse?

Moderadora: … A grandes rasgos, (1) *aunque/sin embargo* las reivindicaciones abogan por una democracia más justa, transparente y participativa, ¿consideran que hoy en día nuestra democracia ya no es nada de esto?

Aitor Tinoco (indignado): Me parece que participativa no es, ya que solo cuentan con nosotros para votar cada cuatro años. (2) *A pesar de que/No obstante,* no hay muchos más instrumentos que favorezcan la participación del ciudadano para que pueda opinar.

Luis Fernández (portavoz Democracia Real Ya): A ver, es obvio que la sensación de la sociedad es que los políticos no nos representan y que no miran por nuestras necesidades, (3) *sino/pero* por las suyas.

José Antonio Coto (Nuevas Generaciones): Bueno, no estoy de acuerdo, porque el mes pasado la gente salió a votar por mayoría absoluta. Por lo tanto, legitimidad tienen toda la posible, (4) *pese a que/pero* usted diga lo contrario. Ya se sabe que cuando las elecciones son para elegir alcaldes o concejales, la participación ciudadana es menor. (5) *Sin embargo/Por mucho que* cuando se trata de las elecciones generales, el voto aumenta. El voto es lo más igualitario que puede tener un ciudadano.

Aitor Tinoco: Para mí, esa legitimidad está en entredicho. ¿Legitimidad? (6) *¡Aunque/Pero* si hay un 33 % de abstención! Y no, no me parece que el voto sea igualitario. La ley electoral actual favorece el bipartidismo y no deja ninguna alternancia a otros partidos.

Javier López (Juventudes Socialistas): Yo lo que no acepto es que se diga que la culpa la tiene el bipartidismo y que los partidos son parte del problema. (7) *Pese a que/A no ser que* es cierto que debemos tener una política más ejemplarizante, yo creo que entre todos tenemos que encontrar mecanismos para que su función sea más representativa. Es verdad que, (8) *aunque/no obstante* somos una democracia que ya lleva casi cuarenta años, en algunos temas todavía nos queda mucho por aprender. Por otro lado, estoy convencido de que la unión hace la fuerza. Que un partido tenga más poder de decisión no es necesariamente algo perjudicial para la democracia, (9) *pero/sino* que esto puede favorecer que dicho partido tenga más capacidad de actuación en la toma de decisiones y que consigamos más avances en el conjunto de la sociedad.

Adaptado de http://www.youtube.com

Tema 2. Un día de cine

Los tiempos del pasado

1. Aquí tienes algunas curiosidades sobre el mundo del cine. Léelas y elige el tiempo del pasado adecuado.

1. Audrey Hepburn *se convirtió/se convertía* sin querer en la principal rival de Julie Andrews. Los papeles que ella no *quiso/quería*, como el de *Sonrisas y Lágrimas*, se los *dieron/daban* a Andrews, y los que Andrews sí *quiso/quería* se los *dieron/daban* a Hepburn, como el de *My Fair Lady* o *Sola en la oscuridad*.

2. La gran vampiresa del cine mudo Theda Bara *alimentó/alimentaba* su misterio diciendo que *fue/era* egipcia y que su nombre *resultó/resultaba* de la combinación de las letras de Arab Death, aunque en realidad *se llamó/se llamaba* Theodosia Goodman y *nació/nacía* en Ohio.

3. El niño que aparece pescando desde la Luna en el logotipo de DreamWorks es el hijo del pintor Robert Hunt. Steven Spielberg *quiso/quería* que la imagen recordase a la de los estudios clásicos de Hollywood, y el especialista en efectos especiales Dennis Muren le *recomendó/recomendaba* que utilizara una imagen de Hunt.

4. Fernando Fernán-Gómez y el director Víctor Erice casi no *hablaron/hablaban* durante el rodaje de la magistral película *El espíritu de la colmena*, por expreso deseo del segundo, que no *quiso/quería* explicarle al actor cuál *fue/era* el significado de la película ni de su personaje.

5. *El Padrino fue/era* la primera película de peso sobre la mafia que *fue/era* dirigida por un cineasta italoamericano, Francis Ford Coppola, que al principio *rechazó/rechazaba* la oferta porque no *quiso/quería* repetir el estereotipo de «italiano igual a mafioso».

6. La actriz española Bárbara Rey, cuyo nombre verdadero es María García García, *eligió/elegía* su nombre artístico por Bárbara Streisand, porque le *sonó/sonaba* bonito, y de apellido Rey, por el actor español Fernando Rey, que *triunfó/triunfaba* por aquel entonces con la película *French Connection*.

7. Anthony Perkins, el psicópata de *Psicosis*, *comenzó/comenzaba* su carrera como cantante de *jazz* californiano e incluso *grabó/grababa* varios discos, como *On a Rainy Afternoon*, pero casi al mismo tiempo lo *nominaron/nominaban* al Óscar por *La gran prueba* y por eso *abandonó/abandonaba* el mundo de la canción.

8. Pedro Almodóvar *fue/era* el primer candidato para dirigir la película *Brokeback Mountain* para la que *llegó/llegaba* incluso a escribir un primer borrador del guion que *envió/enviaba* a los productores y que, según el cineasta, les *escandalizó/escandalizaba* tanto que *se decantaron/se decantaban* por Ang Lee.

Adaptado de http://listas.20minutos.es

2. El fragmento de esta canción habla del cine. Complétalo con pretérito perfecto simple o pretérito imperfecto.

Sepan aquellos que no estén al corriente que el Roxy del que estoy hablando (ser) (1) .... un cine de reestreno preferente que (iluminar) (2) .... la plaza Lesseps. (Echar) (3) .... el NO-DO y dos películas de esas que tú detestas y me chiflan a mí, llenas de amores imposibles y pasiones desatadas y violentas. Villanos en cinemascope. Hermosas damas y altivos caballeros del sur (tomar) (4) .... el té en el Roxy cuando (apagar) (5) .... la luz.

(Ser) (6) .... un típico local de medio pelo como el Excelsior, como el Maryland, al que para mi gusto le (faltar) (7) .... el gallinero, con bancos de madera, oliendo a zotal.

No (tener) (8) .... nunca el sabor del Selecto ni la categoría del Kursaal, pero allí (ser) (9) ....

_____ donde a Lauren Bacall Humphrey Bogart le (jurar) (10) _____ amor eterno mirándose en sus ojos claros. Y el patio de butacas (aplaudir) (11) _____ con frenesí en la penumbra del Roxy, cuando ella (decir) (12) _____ que sí.

Yo (ser) (13) _____ uno de los que (llorar) (14) _____ cuando (anunciar) (15) _____ su demolición, con un cartel de: «Nuñez y Navarro, próximamente en este salón».

En medio de una roja polvareda el Roxy (dar) (16) _____ su última función y malherido como King-Kong (desplomarse) (17) _____ la fachada en la acera. Y en su lugar han levantado la agencia número 33 del Banco Central.

Adaptado de Los fantasmas del cine Roxy, *J. M. Serrat*

3. En estos textos un escritor y una actriz hablan sobre su relación con el cine. Léelos y completa con estos verbos en el tiempo del pasado adecuado.

* aficionarse * ser * saber * pasar * perder * cuidarse * soler * ver *
* extrañar * ir * asegurar * empezar * hacer * convertirse * manejar * entrar *

a. Adolfo Bioy Casares

Los primeros diez o doce veranos de mi vida mi familia y yo los (1) _____ en el campo. Después, (2) _____ a ir a Mar del Plata. Mi madre, que allá no (3) _____ una función, me (4) _____ que el cine (5) _____ malsano para los chicos. Me (6) _____ creer —siempre (7) _____ bien mis esnobismos– que sentado en la oscuridad me convertiría en un niño pálido, tan gordo como débil, una gran desventaja, porque en la sociedad de los chicos rige la ley de la selva. Yo (8) _____ mucho de ir al cine y, entre las seis y las ocho, (9) _____ ansiosamente a mi madre. (10) _____ esperarla a la salida del Palace o del Splendid, los dos cines de la rambla. Yo (11) _____ a qué cine (12) _____ mi madre, pero si no la (13) _____ salir me (14) _____ el temor de que hubiera ido al otro cine y de no encontrarla más. Progresivamente (15) _____ a las películas, (16) _____ en espectador asiduo y ahora pienso que la sala de un cinematógrafo es el lugar que yo elegiría para esperar el fin del mundo.

Adaptado de «Amores imposibles» *en* Cuentos de cine, *A. Bioy Casares*

* convertirse (x2) * dar * decir * estudiar * trabajar * cumplirse * admirar *
* llamar * escribir * tener (x2) * llamarse * empezar * interpretar *

b. Amelia Bence

A los cinco años, cuando (1) _____ en el Teatro Infantil Labardén, (2) _____ el privilegio de hacer una obra de la escritora argentina Alfonsina Storni. Entonces ella (3) _____ clases allí y (4) _____ una pieza que (5) _____ *Juanita*, sobre una chica de doce años que (6) _____ como mucama en la casa de una familia acomodada. En aquella obra yo (7) _____ a un varoncito. En una escena (8) _____ que mojar una estampilla con la lengua y pegarla en un sobre, y tragármela. Entonces, (9) _____ a llorar y Alfonsina me (10) _____: «No seas tonta, no te va a pasar nada. Seguí adelante, que vas a ser actriz». Desde entonces la (11) _____ siempre. Luego (12) _____ en actriz de cine hasta que un día me (13) _____ para interpretar la vida de Alfonsina en una película. La profecía de Alfonsina Storni (14) _____ con creces: (15) _____ en actriz premiándome además por interpretar su vida.

(Adaptado de «Alfonsina, el cine y yo, *en* Cuentos de cine. *A. Bence)*

Perífrasis verbales: expresar una acción acabada y en su desarrollo

4. Completa las frases con las perífrasis adecuadas e indica si expresan una acción acabada (A.A.) o en desarrollo (A.D.).

- acabar de leer
- alcanzar a pensar
- andar buscando
- dejar de ir

- dejar preparada
- estar viendo
- ir conociendo
- dar por terminada

- llegar a conseguir
- llevar estudiando
- llevar leídos
- venir diciendo

1. _____ la última película del director argentino Adolfo Aristarain, así _____ toda su filmografía.

2. El director ya _____ la nueva versión del guion cinematográfico y ahora ya _____ nuevos temas e ideas para su próximo filme. Está claro que no _____ en otra cosa que no sea su trabajo y que le gusta lo que hace.

3. El ministro de Educación y Cultura _____ desde hace tiempo que va a subir los precios en todos los espectáculos. Muchos artistas piensan que los espectadores _____ tanto al cine o al teatro.

4. _____ veinte folios del guion de esta adaptación cinematográfica, pero no me convence nada su enfoque. Cuando _____ , te diré cómo puede mejorarse.

5. _____ varios años para ser actriz, pero no _____ ningún papel importante hasta ahora. Todo el mundo la anima para que no abandone su objetivo.

6. Por fin, el pasado mes de julio el director _____ su última película después de diez largos e intensos años de trabajo.

5. Completa esta crítica cinematográfica de la película *La estrategia del caracol* con una perífrasis verbal en la forma adecuada.

- dejar de creer • ir jugando • ir dando • venir contándonos
- dejar de vincular • andar buscando • llevar convencido • llegar a conseguir

Sobre la solidaridad y la fuerza de las ideas

Si (1) _____ una buena reflexión sobre el sentido de la libertad y la solidaridad humanas, la película del colombiano Sergio Cabrera, *La estrategia del caracol*, invita a todo esto y a mucho más. Su director (2) _____ mucho tiempo de que el cine tiene en sus manos la posibilidad de ayudar a rescatar el concepto de lo romántico, no (3) _____ en la posibilidad de conseguir un mundo mejor y más justo, en la esperanza del trabajo conjunto de las personas por un objetivo común. *La estrategia del caracol* (4) _____ la carta de la alegría de vivir y (5) _____ un tono optimista a la visión de la pobreza en el Tercer Mundo y confiriendo una capa desmitificadora. Asimismo (6) _____ un profundo sentido del humor en los discursos sobre el cambio social y las luchas de clases.

El cine de Latinoamérica (7) _____ hechos próximos al universo del realismo mágico y en este caso al de la imposibilidad de que los inquilinos de una casa puedan trasladarla pieza por pieza, mueble por mueble, pared por pared, en unos pocos días. Si bien, en ningún momento se (8) _____ la historia con la realidad colombiana, como las duras condiciones de vida en las grandes ciudades, divididas en barrios ricos y pobres, zonas ricas e industrializadas y zonas subdesarrolladas, o la supeditación del poder a los más oscuros intereses de la economía capitalista.

Adaptado de www.edualter.org

Tema 3. Periodismo sin fronteras

El artículo determinado e indeterminado

1. Lee los fragmentos y decide si se debe poner artículo determinado, indeterminado o si no hace falta.

1. Todos habían llegado con (*una/la/Ø*) antelación a (*una/la/Ø*) rueda de prensa, pero (*un/el/Ø*) señor Pérez no llegó hasta (*unas/las/Ø*) tres de (*una/la/Ø*) tarde porque no le habían avisado de (*una/la/Ø*) huelga de metro.

2. Todavía no sabe qué va a estudiar en (*una/la/Ø*) universidad, pero seguramente será (*unas/las/Ø*) Ciencias de la Información porque viene de (*una/la/Ø*) familia de periodistas muy conocida en (*un/el/Ø*) mundo de los medios de comunicación.

3. Según (*una/la/Ø*) agencia de noticias, (*unos/los/Ø*) alimentos han subido de precio, pero solamente (*un/el/Ø*) porcentaje menor en (*una/la/Ø*) comparación con (*un/el/Ø*) año pasado. Pese a este dato, (*una/la/Ø*) inflación se mantendrá igual.

4. ¿Invertir en (*una/la/Ø*) costa o en (*una/la/Ø*) montaña? Pues no sé qué decirte. Esta es precisamente (*una/la/Ø*) pregunta que le hicieron (*un/el/Ø*) otro día al ministro de Economía y no supo muy bien qué responder.

5. Para mí que (*una/la/Ø*) noticia estaba bien clara; por (*un/el/Ø*) momento van a cerrar (*un/el/Ø*) museo hasta que no tengan presupuesto para más (*el/un/Ø*) personal. (*Una/La/Ø*) verdad es que, en (*unos/los/Ø*) tiempos que corren, es preferible que no abran (*unos/los/Ø*) lunes.

6. Ahora no caigo en qué decía exactamente (*un/el/Ø*) titular que he leído esta mañana pero, si recuerdo bien, ponía que en (*Un/El/Ø*) Cairo, en (*unos/los/Ø*) dos años, se podrá volver a visitar casi todas (*unas/las/Ø*) pirámides por dentro. Eso sí, hará falta llevar (*una/la/Ø*) máscara de oxígeno para que no se dañen (*unas/las/Ø*) pinturas murales.

7. No sé si te diste cuenta, pero parece que a (*unos/los/Ø*) invitados de la recepción de ayer con (*un/el/Ø*) gabinete de (*una/la/Ø*) prensa no les gustó mucho (*una/la/Ø*) tarta que habían traído de esa pastelería tan cara que está por (*un/el/Ø*) centro. Se quedó más de (*una/la/Ø*) mitad encima de (*una/la/Ø*) mesa principal.

8. No sé qué le pasaba a Teresa hoy en (*una/la/Ø*) redacción. Se ha puesto (*una/la/Ø*) falda nueva que le regalamos y también ha ido a (*una/la/Ø*) peluquería durante (*una/la/Ø*) comida. Después de tantas noches trabajando hasta (*unas/las/Ø*) tantas, igual es que tiene ganas de salir y de desconectar para dar (*una/la/Ø*) vuelta.

9. No me suena que Pedro, (*un/el/Ø*) reportero de *Solidaridad*, sea (*un/el/Ø*) vegetariano. Creo que (*un/el/Ø*) cordero sí que come, aunque no suele pedir nunca (*una/la/Ø*) carne de (*una/la/Ø*) vaca.

10. Eres nuestro fotógrafo más intrépido, pero ¿qué te ha pasado en (*una/la/Ø*) cara durante (*una/la/Ø*) manifestación? Es como si hubieras tenido (*un/el/Ø*) pequeño accidente o como si te hubieras metido en (*una/la/Ø*) pelea en (*un/el/Ø*) bar. Por lo menos has conseguido hacer buenas fotos para (*una/la/Ø*) portada de mañana.

2. Completa el siguiente texto con los artículos determinados e indeterminados si es necesario.

¿Por qué soy periodista?

Hoy se ha celebrado (1) _____ Día Mundial de (2) _____ Libertad de (3) _____ Prensa. He visto (4) _____ manifestaciones, he leído (5) _____ artículos que critican (6) _____ sistema y que reivindican (7) _____ papel de (8) _____ profesión debido a (9) _____ crisis económica y después de pensar durante (10) _____ minutos me he preguntado: «¿Por qué soy periodista?».

No sé cómo dar respuesta a (11) _____ pregunta de esta naturaleza, quizás porque nunca he tenido que planteármela. No podría haber sido otra cosa en (12) _____ vida. No sé definir (13) _____ porqué de algo que veo tan natural. Quiero saber más que (14) _____ demás, desenmascarar (15) _____ entrañas de (16) _____ noticia del día, sorprenderme (17) _____ primero de todos, e intentar provocar con (18) _____ verdad.

No me planteo si (19) _____ romanticismo de esta profesión existe, sé que sí, y así entiendo yo mi rutina. Sé escribir, sé leer, sé contar, y aprendo cada (20) _____ día a analizar (21) _____ realidad. Para (22) _____ periodista como yo, es importante vivir (23) _____ profesión a cada (24) _____ instante. Engancharse en (25) _____ historia y conocerla a fondo, emocionarse con (26) _____ frase que se escribe porque solo así se transmiten sentimientos.

Ese toque, casi místico, mágico e inexplicable es (27) _____ causante de que yo sea periodista y de que no pueda pensar si quiera en (28) _____ porqué de esta decisión. Aunque más que (29) _____ decisión haya sido (30) _____ mero desenlace.

Hoy, que tan mal lo están pasando muchos compañeros, quiero lanzar (31) _____ mensaje de ánimo. Nos podrán quitar (32) _____ trabajo, pero jamás (33) _____ profesión. Nos podrán quitar (34) _____ cámaras, (35) _____ titulares y (36) _____ micrófonos, pero nunca desaparecerán de nuestro interior (37) _____ mismas ganas de transmitir lo que todos compartimos.

Adaptado de http://laespiraldesilencio.blogspot.co.uk

La voz pasiva

3. Lee las siguientes curiosidades y transforma la información marcada a la voz pasiva.

1. Antiguamente, *pintaban* todas las góndolas en Venecia de color negro, excepto las que pertenecían a altos oficiales.

-----

2. En sus primeras incursiones cinematográficas, a Archibald Leach *se le rechazó* en numerosas ocasiones por ser demasiado delgado. Años después *se le contrató* por 450 dólares semanales y pasó a llamarse Cary Grant.

-----

3. Los antiguos egipcios *usaban* el maquillaje de ojos con un propósito estético, pero también para protegerse contra ciertas enfermedades.

-----

4. Cuando Rodin *expuso* su obra principal, *La edad de bronce*, causó gran sensación. Era tan real que *se le acusó* de haberla moldeado sobre un cuerpo de carne y hueso.

---

5. A Miguel de Cervantes y a William Shakespeare *se les considera* los más grandes exponentes de la Literatura Hispánica e Inglesa respectivamente. Ambos murieron el 23 de abril de 1616.

---

6. Un tiburón *puede detectar* una partícula de sangre entre 100 millones de partículas de agua.

---

7. Los hermanos Marx *crearon y patentaron* un sistema de alarma de los latidos del corazón para llevar en la muñeca.

---

8. La compañía aérea American Airlines *ahorró* 40 000 $ en 1987 tras eliminar una aceituna de cada ensalada que *servía* en primera clase.

---

9. Los primeros billetes europeos *se fabricaron* en Suecia en 1661. *Se los entregaban* como recibo o resguardo a quien depositaba oro o plata en el Banco de Estocolmo.

---

10. En octubre de 1936, rusos y españoles *cargaron* 7 800 cajas repletas de oro en el puerto de Cartagena con destino a Rusia para evitar que *se robaran* durante la Guerra Civil. Desafortunadamente nunca más se supo del denominado «Oro de Moscú».

Adaptado de www.muyinteresante.es

4. Lee el siguiente artículo periodístico y transforma la información que aparece marcada a la voz activa. Haz los cambios que creas conveniente.

El peruano que descubrió Machu Picchu antes que Hiram Bingham

Nueve años antes de que Machu Picchu *fuera descubierto* por el explorador y político estadounidense Hiram Bingham, el agricultor peruano Agustín Lizárraga ya había llegado hasta la ciudadela inca; así *es explicado* por el escritor cuzqueño, Américo Rivas.

En su obra, titulada *Agustín Lizárraga: el gran descubridor de Machu Picchu*, Rivas añade detalles inéditos a una historia que *es conocida y aceptada* por los especialistas, pero que *era desconocida* por completo para el público general, incluso en el propio Perú.

La figura de aquel agricultor *ha sido reivindicada* por Rivas en un intento de dar a conocer la historia. Según el autor del libro, fue el interés por buscar nuevas tierras de cultivo, lo que llevó a Lizárraga a descubrir Machu Picchu, donde llegó un 14 de julio de 1902, tal y como *fue plasmado* por el agricultor en una de las paredes de la ciudadela, un detalle que incluso *había sido documentado* por Bingham en sus diarios de viaje.

El centenario de la llegada de Bingham a Machu Picchu *fue elegido* por Américo Rivas como el momento propicio para dar a conocer su libro. Para ello, Rivas contó con una fuente novedosa: una larga carta que *había sido escrita* en 1961 por Adriel Palma, hijo de Enrique Palma, uno de los acompañantes de Lizárraga en su primera expedición, y en la que la historia *es descrita* con detalle: «recorrieron todo el día Machu Picchu, encontrando palacios y demás construcciones, aún con cerámicas en las hornacinas; parecía que la ciudad *había sido abandonada* de golpe», señaló Rivas.

Durante las celebraciones del centenario, varios familiares de Lizárraga *fueron condecorados* por la municipalidad de Cuzco en un nuevo intento por reivindicar su figura; sin embargo, y según *fue confirmado* a la Agencia Efe por la familia, ningún descendiente del descubridor de Machu Picchu *había sido invitado* a la ceremonia central en la ciudadela inca.

Adaptado de www.larepublica.pe

Conectores y locuciones preposicionales

5. Completa el siguiente texto con los conectores y locuciones preposicionales que aparecen debajo en función del contexto.

• igualmente • a medida que • quizá • por tanto • en definitiva •
• dicho de otro modo • llevado todo esto • por un lado • por otro • sin embargo •
• pero • tal vez • de ahí que • por el contrario • aun • dicho de una forma •

Cambiar las palabras o cambiar la realidad

Todas las opiniones difundidas en las últimas semanas relacionadas con el género —suscritas por académicos, especialistas en sexismo, lingüistas o polemistas en general— tienen razón, (1) _____ pareciendo enfrentadas. (2) _____, escriben quienes creen que las palabras pueden cambiar la realidad. Y (3) _____, quienes sostienen que es la realidad la que cambia las palabras. (4) _____ más técnica: quienes ponen su punto de mira en los significantes y quienes se fijan más en los significados.

(5) _____ la expresión «los derechos de los españoles y las españolas» se asocie en nuestro contexto a una mera diferencia de sexo en una situación de igualdad jurídica; (6) _____ podamos dudar si sucederá lo mismo al decir «los derechos de los saudíes y las saudíes». (7) _____ en este segundo caso el contexto nos haga separar a los saudíes de las saudíes, en la misma estructura gramatical que juntaba a los españoles y a las españolas. (8) _____: no por ser iguales en el lenguaje somos iguales en la sociedad.

La palabra *llave* designó siempre un objeto metálico que sirve para abrir y cerrar las puertas. (9) _____, en el hotel nos dan una tarjeta de plástico y nos dicen: «Aquí tiene usted su llave». (10) _____, ha cambiado la realidad sin que cambie la palabra que la nombra.

(11) _____ al problema de la discriminación o la ocultación de la mujer, da la sensación de que las posturas se dividen entre quienes esperan que los cambios sociales modifiquen los significados (como está sucediendo con «mujer pública») y quienes prefieren actuar primero y con urgencia sobre los significantes (y elegir «la judicatura» en vez de «los jueces», o «el profesorado» en vez de «los profesores»).

(12) _____, un grupo piensa que se cambiará antes la realidad si se cambian primero las palabras, y el otro cree que cambiar la forma de hablar de millones de personas puede ser incluso menos rápido que cambiar la realidad. (13) _____, quienes critican esta segunda perspectiva opinan que, así como son necesarias las cuotas para que la mujer ocupe su lugar (y yo estoy a favor de las cuotas), hace falta intervenir en el idioma para acelerar también la igualdad gramatical y social.

Tanto cambian la realidad y el contexto nuestra percepción de los vocablos que una expresión inclusiva como «mis padres» (nadie habría dudado hasta hace poco que eso incluye al padre y la madre) puede dejar de serlo, y parecer ambigua (14) _____ se den más casos de hijos con dos padres varones.

No tenemos la forma de calcular si resultará más rápido cambiar los significantes que usan millones de personas o más rápido cambiar esta realidad tan masculina para cambiar así nuestros significados, (15) _____ podamos considerar las dos posturas (16) _____ bienintencionadas, y pensar que con ambas se puede avanzar hacia el objetivo.

Adaptado de Álex Grijelmo, http://elpaís.com

Tema 4. Música para mis oídos

Los verbos *ser* y *estar* con adjetivos

1. Lee las frases y elige la opción correcta.

1. a. Me encanta quedar a tocar con Juan porque *es/está* una persona muy abierta; siempre te recibe con una sonrisa y se lleva muy bien con todo el grupo.
  b. El club de *jazz* de la esquina *es/está* abierto hasta las doce de la noche. Podríamos ir algún día.

2. a. En lugar de quejarte de que *eres/estás* aburrido, ¿por qué no te pones a tocar el saxofón durante un rato? Hace tiempo que no lo tocas.
  b. Para algunas personas la ópera puede *ser/estar* un poco aburrida, pero para otras es una afición.

3. a. El volumen de la música *es/está* demasiado alto; bájalo antes de que protesten los vecinos.
  b. Le encantaría aprender a tocar el piano, pero como *es/está* tan alto y tiene las manos tan grandes le han recomendado que estudie otro instrumento.

4. a. Es mejor que *seas/estés* atento durante el dictado musical o, si no, seguro que te pierdes.
  b. Este profesor *es/está* siempre muy atento con los estudiantes que no entienden las cosas a la primera.

5. a. ¿No te parece que el atril *es/está* demasiado bajo? Súbelo, por favor, que casi no leo las notas.
  b. Como eres soprano, no sé si podrás llegar a esa nota porque *es/está* un poco baja.

6. a. Este disco *es/está* realmente bueno, te lo recomiendo sin lugar a dudas.
  b. Me encanta cenar con música de fondo. Es como si la comida acompañada de música *fuera/estuviera* todavía el doble de buena.

7. a. No habla ni una palabra de la lengua del país, pero *es/está* decidido a cruzar el charco para estudiar en un conservatorio con los mejores profesores.
  b. Aunque tiene solamente siete años, *es/está* muy decidido. Se sienta delante del piano y se pone a tocar sin parar como un auténtico profesional.

8. a. No creo que lo haga por dinero. No *es/está* nada interesado. No le pagan mucho y siempre da las clases los domingos.
  b. Todavía no he hablado con él en persona, pero según me dijeron *era/estaba* muy interesado en actuar en nuestro local.

9. a. Los miembros del coro ya *son/están* listos, por lo que les rogamos que apaguen sus teléfonos móviles.
  b. No cabe duda de que *es/está* lista porque hay que tener aptitud para la música, pero es que además saca unas notas excelentes en el colegio.

10. a. ¡Menuda bronca que les ha echado! No sé si es que tenía un mal día o si realmente *es/está* así de malo como persona.
  b. Creo que han dicho que *era/estaba* malo o algo así... por eso no ha venido a los ensayos.

11. a. Creo que *era/estaba* un tanto molesto porque al final no le dijeron que tocara como primer violín.
  b. Si uno no sabe tocar bien un instrumento musical, los sonidos que emita pueden *ser/estar* muy molestos.

12. a. Los padres del niño *eran/estaban* muy orgullosos porque a pesar de ser tan pequeño se atrevió a tocar en público.
  b. Sí, es un director de orquesta muy conocido, pero, en mi opinión, *es/está* demasiado orgulloso. Seguro que no es fácil trabajar con él.

13. a. No sé qué decirte. Para mí que todavía *es/está* un poco verde. Creo que no le vendría nada mal ensayar un poco más.

b. • ¿Te has fijado en que en la orquesta había algunos instrumentos de colores?
   • Sí, qué curioso, a mí me ha gustado una guitarra que *era/estaba* verde.

14. a. Una sonata consta de tres movimientos, pero el primero y el tercero *son/están* normalmente más vivos que el segundo.

b. La verdad es que *soy/estoy* vivo después de todo. Tendré que ir aprendiendo a perderle el miedo a los escenarios.

2. Escribe el significado de cada adjetivo dependiendo de si se combina con *ser* o *estar*.

ser	significado	estar	significado
abierto	*que es sociable, extravertido.*	abierto	*que se puede entrar.*
aburrido		aburrido	
alto		alto	
atento		atento	
bajo		bajo	
bueno		bueno	
decidido		decidido	
interesado		interesado	
listo		listo	
malo		malo	
molesto		molesto	
orgulloso		orgulloso	
verde		verde	
vivo		vivo	

3. Clasifica estos adjetivos en el lugar adecuado. Después, escribe su contrario.

- vacío
- solo
- difícil
- roto
- conveniente
- mojado
- capacitado

- moderno
- lógico
- ausente
- suficiente
- contento
- importante
- posible

- capaz
- loco
- enfermo
- probable
- descalzo
- increíble
- útil

- desnudo
- sentado
- auténtico
- borracho
- injusto
- disponible
- cierto

ser
difícil,...

estar
vacío,...

4. Lee el siguiente texto y completa con *ser* o *estar* en el tiempo y modo adecuados.

Los efectos positivos de la música

Desde hace muchísimo tiempo, (1) _____ probable que desde el propio comienzo de la vida misma, (2) _____ imprescindible para el ser humano disfrutar de una de las creaciones más sanas, más bonitas y más limpias: la música.

Esta importante creación (3) _____ utilizada en diversas actividades, inclusive en la guerra, claro (4) _____, para calmar y relajar a la tropa tras perder una batalla y, mejor aún, para celebrarla cuando se ganaba. Cuenta la historia, aunque no (5) _____ del todo lógico, que se iba a dar un concierto para celebrar el triunfo ante el enemigo, pero uno de los músicos (6) _____ enfermo, y (7) _____ uno de los rehenes, próximo a (8) _____ fusilado el que sustituyó al enfermo. El rehén, tras (9) _____ escuchado, (10) _____ perdonado.

La música (11) _____ tan importante que tiene efectos mucho antes del nacimiento, ya que se recomienda estimular el vientre de la madre embarazada con sonidos que (12) _____ agradables y, de hecho, (13) _____ comprobado que existen efectos beneficiosos para el feto.

Igualmente, el dios de cada una de las diferentes religiones (14) _____ alabado mediante la música y se ha llegado a decir que quien ora con música (15) _____ como si orara dos veces, de ahí que las personas que (16) _____ en el mundo de la música y que se dedican a esta profesión (17) _____ por lo general personas sanas y con mucha sensibilidad.

En los hogares donde la música (18) _____ presente se vive en armonía y en las casas donde sus habitantes no (19) _____ amantes de la música, se pierde esta razón de (20) _____ que (21) _____ capaz de transmitir este arte prodigioso.

Las partituras no (22) _____ para una edad concreta, en ningún disco (23) _____ escrito que solo deba (24) _____ oído por determinadas personas. Si esto (25) _____ así, no existirían las diferentes manifestaciones folclóricas de los distintos pueblos, ya que estas expresiones (26) _____ conviviendo con cada generación. Vayamos donde vayamos, podemos (27) _____ seguros de que la música siempre (28) _____ a nuestro lado.

Adaptado de http://www.ucla.edu.ve

La posición del adjetivo: antepuesto y pospuesto

5. Lee la siguiente información sobre investigaciones relacionadas con la música y decide si cada adjetivo va antepuesto o pospuesto según el contexto.

1. Para (*algunos*) investigadores (*algunos*), los (*musicales*) gustos (*musicales*) pueden revelar datos sobre la personalidad de un individuo. Por ejemplo, gustos como el *blues*, el *jazz*, la música folk y clásica reflejan (*estables*) personalidades (*estables*), desde el punto de (*emocional*) vista (*emocional*), y abiertas a (*otras*) experiencias (*otras*), (*buenas*) habilidades (*buenas*) de (*verbal*) carácter (*verbal*) y con (*media*) inteligencia (*media*).

2. Oír música al (*mismo*) tiempo (*mismo*) en que se realizan (*otras*) tareas (*otras*) puede influir en la actividad que se está llevando a cabo. (*Alemanes*) Investigadores (*alemanes*) comprobaron que, durante la lectura, oír (*ambiental*) música (*ambiental*) puede afectar a la (*lectora*) comprensión (*lectora*). En la memoria, los efectos fueron negativos, aunque bajos. Sin embargo, en la práctica de (*físicas*) actividades (*físicas*) y en (*emocionales*) reacciones (*emocionales*), los impactos de la música pueden ser positivos.

3. En (*varias*) investigaciones (*varias*) se ha demostrado que escogemos nuestra (*favorita*) música (*favorita*) en función de eventos que revisten una (*intensa*) implicación (*intensa*) de (*emocional*) carácter (*emocional*), es decir, de los (*íntimos*) sentimientos (*íntimos*) de una persona. Los resultados de sus investigaciones revelaron que la elección tiene mucho que ver con las (*personales*) motivaciones (*personales*) de los oyentes, y con sus (*propias*) historias (*propias*), las cuales pueden estar relacionadas con (*determinadas*) melodías (*determinadas*).

4. Tras probar los efectos de la (*clásica*) música (*clásica*), pop y *jazz* en la relajación de las personas después de (*estresantes*) eventos (*estresantes*), los resultados mostraron que oír música pop y *jazz* tiene el (*mismo*) efecto (*mismo*) que el (*propio*) silencio (*propio*). Sin embargo, la música clásica desencadenó (*rápidos*) efectos (*rápidos*) y la (*sanguínea*) presión (*sanguínea*) bajó a los (*normales*) niveles (*normales*) en un tiempo mucho menor.

5. Al probar los (*propios*) efectos (*propios*) de la música en el (*humano*) comportamiento (*humano*) y, especialmente, en las (*sociales*) conductas (*sociales*), se ha descubierto que oír canciones con (*positivas*) letras (*positivas*) aumenta la (*personal*) disposición (*personal*) en los oyentes para ayudar a (*otros*) individuos (*otros*).

6. Aprender música durante la infancia puede tener (*beneficiosos*) efectos (*beneficiosos*) años después. Recibir clases de música en la (*infantil*) etapa (*infantil*) ayuda a que el (*futuro*) anciano (*futuro*) se enfrente mejor a los problemas del envejecimiento. El estudio de un (*musical*) instrumento (*musical*) requiere años de práctica y, por lo tanto, favorece la creación de (*alternativas*) conexiones (*alternativas*) en el cerebro que permiten compensar la (*cognitiva*) pérdida (*cognitiva*) que se suele producir en la vejez.

Adaptado de http://noticias.universia.com.br

6. Lee el siguiente texto y completa con el adjetivo adecuado según su significado. **No olvides hacer la concordancia.**

- activo • intelectual • mismo • fundamental • rítmico • largo • primero • directo • inmerso
- lingüístico • corporal • preescolar • natural • habitual • otro • capaz • nuevo • diferente
- armonioso • mutuo • emocional

Los beneficios de la música para los niños

La música está siendo introducida en la educación en edades (1) _____ debido a la importancia que representa en su desarrollo (2) _____ Es un elemento (3) _____ en esta (4) _____ etapa de la educación. El niño empieza a expresarse y es (5) _____ de integrarse de manera (6) _____ en la sociedad, porque la música le ayuda a lograr autonomía en sus actividades (7) _____, asumir el cuidado de sí (8) _____ y del entorno, y ampliar su mundo de relaciones.

El niño que vive en contacto (9) _____ con la música aprende a convivir mejor con (10) _____ niños, estableciendo una comunicación (11) _____ A esta edad, la música les da seguridad (12) _____ porque se sienten comprendidos al compartir canciones, e (13) _____ en un clima de ayuda, colaboración y respeto (14) _____ Además, la música facilita en los niños el aprendizaje (15) _____ de idiomas, potenciando su memoria a (16) _____ plazo.

Con la música, la expresión (17) _____ del niño se desarrolla de forma (18) _____. Utilizan (19) _____ recursos al adaptar sus movimientos a los ritmos de (20) _____ obras, contribuyendo a la potenciación del control (21) _____ de su cuerpo.

Adaptado de http://www.guiainfantil.com

7. El siguiente texto analiza la situación de la música en el sistema educativo español. Complétalo con los verbos entre paréntesis en el tiempo y modo adecuados.

Los niños y sus distintos talentos

Mientras otros países (considerar) (1) _____ la educación musical como prioritaria, como es el caso de Suiza, donde recientemente (reformar) (2) _____ la Constitución para reforzar la educación musical en la escuela, en España (ningunearse) (3) _____ las artes escénicas, la música y la danza dejándolas sin espacio para su desarrollo.

El presente no (garantizar) (4) _____ a ningún niño o niña de este país desarrollarse musicalmente, pero el futuro (presentarse) (5) _____ más oscuro todavía. Con bastante seguridad, los más pequeños (seguir) (6) _____ sin tener necesariamente clases de música y expresión corporal en educación infantil. En primaria, todos nosotros, como docentes, (tener) (7) _____ que soñar con que la música (seguir) (8) _____ existiendo dentro del área de la Educación Artística, la cual actualmente (dedicar) (9) _____ una hora a la semana a la Educación Plástica y otra hora a la Educación Musical, el anteproyecto no lo (especificar) (10) _____.

Con la futura ley, en secundaria la música (ser) (11) _____ obligatoria en dos cursos, lo que (parecer) (12) _____ no diferir de la situación actual. La gran diferencia es que la música (perder) (13) _____ su carácter optativo en el resto de cursos de educación secundaria. En algunas comunidades autónomas hasta (hacer) (14) _____ poco tiempo, un niño o niña, si (querer) (15) _____, (poder) (16) _____ tener acceso a la Educación Musical desde infantil hasta el bachillerato, ya que los cursos en los que no (ser) (17) _____ una materia obligatoria (poderse) (18) _____ escoger como optativa.

El anteproyecto de la LOMCE (Ley Orgánica para la Mejora de la Calidad Educativa) (borrar) (19) _____ esta posibilidad. Todos los estudios realizados (demostrar) (20) _____ que la Educación Musical (mejorar) (21) _____ la concentración, la memoria, la coordinación, la expresión, la capacidad de síntesis, la empatía o el trabajo en equipo y, sobre todo, (contribuir) (22) _____ al desarrollo cognitivo. Pero además, las clases de música (fomentar) (23) _____ la integración de los niños y niñas en un grupo, el intercambio de ideas, la creatividad, y el desarrollo de la inteligencia emocional.

Actualmente, muchos alumnos y alumnas, una vez que (encontrar) (24) _____ su lenguaje, su autoestima y lugar en el grupo por medio de la música (observar) (25) _____ que también les (interesar) (26) _____ otras áreas del conocimiento que consideraban ajenas a ellos.

No (existir) (27) _____ un único lenguaje, ni una única inteligencia, ni un único talento. Todos los niños y niñas cuentan, en mayor o menor medida, con distintas inteligencias, pero cada estudiante (relacionarse) (28) _____ con su entorno usando unas antes que otras, apoyándose en el lenguaje verbal, matemático, espacial, corporal o musical, por ejemplo. El sistema educativo (tener) (29) _____ que garantizar que los niños y niñas (desarrollar) (30) _____ sus distintos talentos, como seres únicos y geniales, y el hecho de que (haber) (31) _____ estudiantes que (marcharse) (32) _____ de la escuela sin haber descubierto al menos uno de sus talentos (suponer) (33) _____ un fracaso del sistema educativo. Eliminando los distintos tipos de lenguaje y no considerando las inteligencias múltiples, muchos chicos y chicas (verse) (34) _____ abocados a la frustración y al rechazo ante su aprendizaje personal.

Adaptado de http://sociedad.elpais.com

Tema 5. A ciencia cierta

Las formas no personales del verbo

1. a. Completa esta noticia de divulgación científica con las formas no personales del verbo (infinitivo, gerundio o participio) según el contexto.

• tratarse • mejorar • sacar • analizar • observar • conseguir • descubrir
• ser (x2) • sumergir • publicar • provocar • correr • comprobarse • agarrar

¿Por qué se arrugan los dedos en el agua?

El porqué exactamente del arrugamiento que sufren nuestros dedos en el agua continúa (1) .... un misterio, pero, como se acaba de (2) .... después de un experimento, no es un capricho de la naturaleza.

Un estudio de la Royal Society británica (3) .... en su revista *Biology Letters* indica que su finalidad es la de (4) .... el agarre de objetos mojados o bajo el agua.

Un equipo de científicos de la Universidad de Newcastle analizó la habilidad de las personas al (5) .... objetos fuera del agua con los dedos arrugados y normales, para estudiar por qué ocurría este efecto. Según el doctor Tom Smulders, los dedos arrugados podrían compararse con el agarre de un neumático en condiciones húmedas. «El arrugamiento de los dedos en condiciones húmedas podría haber ayudado a nuestros ancestros a (6) .... comida de vegetaciones húmedas. Y, además, (7) .... nuestras plantas de los pies, llegamos a la conclusión de que su arrugamiento nos permitía (8) .... mejor y más rápidamente bajo la lluvia».

Este efecto en los dedos se pensaba que era el resultado del paso del agua a la capa exterior de la piel de los dedos, (9) .... que se hincharan y arrugaran, pero ahora se sabe que es parte de un proceso activo. Este arrugamiento se produce cuando los vasos sanguíneos de los dedos se contraen.

Al (10) .... de un proceso activo, esta nueva investigación sugiere que tienen, además, una importante función y ofrecen una ventaja natural. En el experimento, los participantes intentaban (11) .... varias canicas húmedas de diferentes tamaños con los dedos normales y arrugados. Una vez (12) .... estos en agua durante 30 minutos, lo consiguieron hacer en menos tiempo con los dedos arrugados.

El interrogante, que sigue (13) .... una incógnita, es el de por qué no tenemos los dedos arrugados permanentemente.

Otro aspecto que investigan es cómo otros animales desarrollan esta aptitud. «Una vez (14) .... los datos, de (15) .... que se da también en primates, creo que la función original posiblemente tendría algo de relación con la de la locomoción entre vegetación húmeda o árboles», concluye el investigador de la Universidad de Newcastle.

Adaptado de www.elmundo.es

b. Resume y sintetiza en unas líneas las ideas principales del texto anterior.

....
....
....
....
....

Gramática Tema 5. A ciencia cierta

2. Relaciona las siguientes frases con cada uno de los usos del gerundio.

Ej.: *Y además, observando nuestras plantas de los pies, llegamos a la conclusión de que su arrugamiento nos permitía correr mejor y más rápidamente bajo la lluvia.*
Gerundio condicional ⟶ *Equivale a una oración condicional* ⟶ *Si observamos nuestras plantas...*

Gerundio

1. *Investigando* mucho, han podido dar con una vacuna que mitiga en parte los efectos del alzhéimer.

2. *Contándoselo*, solamente complicarás las cosas. Hazme caso y, cuando hable de la patente, es mejor que no digas nada al respecto.

3. Aun *sabiendo* que no les iba a llegar el presupuesto para poner en órbita el satélite, no quisieron dar marcha atrás en el lanzamiento.

4. Me encontré con tu primo, el que es investigador, *esperando* en la parada del autobús.

5. *Sabiendo* que iba a tener cuidado, le permitió hacer el experimento de química en el laboratorio.

6. Me envió un correo electrónico *pidiéndome* que le mandara un artículo de una revista científica.

7. Se presentó tarde durante el simposio de química, *arguyendo* que no había llegado antes porque no estaba de acuerdo con las ideas de algunos de los conferenciantes.

Uso

a. **temporal** ☐ (momento del desarrollo de la acción en relación con el tiempo).

b. **modal** ☐ (manera en la que se ejecuta la acción).

c. **causal** ☐ (razón o motivo por el que se realiza la acción).

d. **final** ☐ (propósito que se desea obtener al realizar la acción).

e. **consecutivo** ☐ (resultado de la realización de la acción).

f. **condicional** ☐ (hecho que se podría producir si se cumpliera la condición).

g. **concesivo** ☐ (impedimento u obstáculo relacionado con la acción).

3. Reescribe cada una de las frases anteriores utilizando información que sea equivalente. Ten en cuenta el tipo de gerundio.

1. *Investigando* mucho, han podido dar con una vacuna que mitiga en parte los efectos del alzhéimer.

   Mediante mucha investigación ....

2. *Contándoselo*, solamente complicarás las cosas. Hazme caso y, cuando hable de la patente, es mejor que no digas nada al respecto.

   ----

3. Aun *sabiendo* que no les iba a llegar el presupuesto para poner en órbita el satélite, no quisieron dar marcha atrás en el lanzamiento.

   ----

4. Me encontré con tu primo, el que es investigador, *esperando* en la parada del autobús.

   ----

5. *Sabiendo* que iba a tener cuidado, le permitió hacer el experimento de química en el laboratorio.

   ----

6. Me envió un correo electrónico *pidiéndome* que le enviara un artículo de una revista científica.

----

7. Se presentó tarde durante el simposio de química, *arguyendo* que no había llegado antes porque no estaba de acuerdo con las ideas de algunos de los conferenciantes.

----

4. Relaciona las siguientes frases con cada uno de los usos del infinitivo.

Ej.: ... *para estudiar* por qué ocurría este efecto.
Final ⟼ ... *con el propósito de estudiar* por qué ocurría este efecto.

Infinitivo

1. *De haber sabido* que el programa de inmunización no iba a funcionar, no habrían gastado tanto dinero en vacunar a la población.

2. *Al/Por entregar* tarde su solicitud, no pudo optar a la beca de investigación.

3. *Para poder* confirmar una hipótesis, se necesitan datos fiables.

4. Se fueron de la reunión *sin llegar* a un acuerdo sobre la financiación del experimento.

5. *A pesar de/Con haber impartido* clase de Física durante unos años, no es suficiente para conseguir ese trabajo. Necesita también tener publicaciones.

6. *Al/Después de/Tras explicar* las razones de la decisión, el presidente del jurado dio a conocer el ganador del invento del año.

Uso

a. temporal ☐ (momento del desarrollo de la acción en relación con el tiempo).

b. modal ☐ (manera en la que se ejecuta la acción).

c. causal, consecutivo ☐ (razón o motivo por el que se realiza la acción; o también la consecuencia que se desprende de la acción).

d. final ☐ (propósito que se desea obtener al realizar la acción).

e. condicional ☐ (hecho que se podría producir si se cumpliera la condición).

f. concesivo ☐ (impedimento u obstáculo relacionado con la acción).

5. Lee estas frases y marca el valor de cada infinitivo. Después, transforma la información marcada por otra equivalente.

1. «... *como se acaba de descubrir* después de un experimento...».

   a. final   **b.** temporal   **c.** causal

----

2. «Indica que *su finalidad es la de mejorar* el agarre de objetos mojados o bajo el agua...».

   a. final   **b.** modal   **c.** causal

----

3. «Un equipo de científicos de la Universidad de Newcastle analizó *la habilidad de las personas al sacar* objetos fuera del agua con los dedos arrugados y normales...».

   a. concesivo   **b.** temporal   **c.** causal

----

4. «El arrugamiento de los dedos en condiciones húmedas *podría haber ayudado a nuestros ancestros a conseguir* comida de vegetaciones húmedas...».

   a. condicional   **b.** temporal   **c.** final

5. «*Al tratarse de un proceso activo,* esta nueva investigación sugiere que tienen, además, una importante función...».

   a. causal   **b.** final   **c.** modal

6. «... *de comprobarse que se da también en primates*, creo que la función original posiblemente tendría algo de relación con la de la locomoción entre vegetación húmeda o árboles...».

   a. temporal   **b.** condicional   **c.** concesivo

Las oraciones condicionales

6. Completa las siguientes oraciones condicionales en el tiempo y modo adecuados. Decide, después, si la condición es posible (1), probable (2) o imposible (3).

1. Si las selvas tropicales (ir) _____ desapareciendo poco a poco, (ser) _____ bastante probable que en unos años las personas empiecen a sufrir enfermedades respiratorias.

2. En el caso hipotético de que un gran meteorito (chocar) _____ contra La Tierra, se (poder) _____ producir la extinción de la especie humana, tal y como ocurrió con los dinosaurios.

3. Si en el futuro (agotarse) _____ el petróleo, se (deber) _____ tener preparadas y desarrolladas de antemano otras alternativas energéticas.

4. Como la capa de ozono (seguir) _____ reduciéndose todavía más en las próximas décadas, se (producir) _____ un aumento en la cantidad de luz ultravioleta.

5. Si no se (inventar) _____ la máquina de vapor, no se (producir) _____ la Revolución industrial.

6. Si algún día (desaparecer) _____ las abejas, (ser) _____ muy difícil que se pudiera producir la polinización.

7. A no ser que (conseguir) _____ de alguna manera evitar que se sigan derritiendo las capas polares, el nivel de los mares a escala global (continuar) _____ aumentando.

8. En el futuro, no se (poder) _____ prevenir algunos desastres naturales, a menos que (desarrollarse) _____ sistemas de detección más sofisticados.

9. Si (ser) _____ capaces de crear tecnología para trasladarnos más rápidamente por el espacio, (conseguir) _____ llegar a nuevos planetas y constelaciones.

10. Si (conseguir) .... incorporar antes pequeños hábitos en nuestras vidas como el reciclaje, la contaminación no (ser) .... un problema tan acusado como lo es en la sociedad actual.

11. Si algunos gobiernos (invertir) .... más dinero para desalinizar el agua del mar para su uso agrario, (ser) .... posible preservar las reservas de agua potable de sus respectivos países en las próximas décadas.

12. Mientras no (potenciarse) .... más el uso de la energía eólica, el precio del petróleo y de otros carburantes no (empezar) .... a bajar drásticamente.

13. Si para hacer la compra (utilizar) .... siempre las mismas bolsas, en unos años, con toda certeza, (notar) .... una reducción en el uso de bolsas de plástico.

14. A no ser que (lograr) .... concienciar a la población sobre la importancia de hacer uso del transporte público, no (conseguir) .... tener un aire mucho más limpio en nuestras ciudades a corto plazo.

15. Si todos los países (firmar) .... el Protocolo de Kioto para reducir las emisiones de gases de efecto invernadero, la capa de ozono no (reducirse) .... tanto en la última década.

7. Aquí tienes la historia de algunos descubrimientos casuales. Completa cada una con los verbos entre paréntesis en el tiempo y modo adecuados.

Descubrimientos casuales

1. El café
La leyenda (contar) (1) .... que un pastor de ovejas etíope (darse cuenta) (2) .... de que su rebaño (actuar) (3) .... de forma extraña después de comer un tipo de bayas de color rojo brillante. Tras probarlas él mismo y notar su propio cambio de humor, se las (llevar) (4) .... a un cocinero del pueblo. Este último las (tostar) (5) .... y las (hervir) (6) .... en agua, creando así el primer café tal y como lo (conocer) (7) ....

2. Las galletas con pepitas de chocolate
Ruth Wakefield (ser) (1) .... la responsable de este maravilloso invento. Una noche (decidir) (2) .... preparar un postre para sus invitados, sin embargo, la receta no le (salir) (3) .... como (pensar) (4) .... : el postre que (deber) (5) .... ser una masa con chocolate derretido (convertirse) (6) .... en algo mucho mejor. El chocolate no (derretirse) (7) .... pero la masa sí, creando así las primeras galletas con pepitas de chocolate.

3. Los fuegos artificiales
Los primeros fuegos artificiales (inventarse) (1) .... en la Antigua China (hacer) (2) .... ya unos 2 000 años. La leyenda (contar) (3) .... que fue un cocinero quien (mezclar) (4) .... carbón vegetal, pólvora y sulfuro de manera accidental, creando los primeros fuegos artificiales. Todos estos ingredientes (ser) (5) .... comunes en la cocina de la época.

4. Las patatas fritas
Las primeras patatas fritas (elaborarse) (1) .... en 1853 por George Crum. Crum (ser) (2) .... un chef de un restaurante. Una noche un cliente (devolver) (3) .... a la

cocina varias veces las patatas que (pedir) (4) _____ quejándose de que no (estar) (5) _____ lo suficientemente crujientes. Tras varias quejas, Crum (enfadarse) (6) _____, (cortar) (7) _____ en rodajas muy finas las patatas y las (llenar) (8) _____ de sal. Este invento (recibirse) (9) _____ como un descubrimiento gastronómico en todo EE. UU.

5. El horno microondas

En 1945, Percy Spencer (encontrarse) (1) _____ estudiando un aparato de señales de radio con fines militares. En un determinado momento (percatarse) (2) _____ de que una barra de dulce que (llevar) (3) _____ en el bolsillo (4) (derretirse) _____ En ese preciso momento (nacer) (5) _____ el primer horno microondas, el cual (tener) (6) _____ un tamaño de aproximadamente un metro y medio.

6. El helado de agua

El helado de agua o *helado palito* (inventarse) (1) _____ en 1905. El creador (ser) (2) _____ un niño de tan solo once años llamado Frank Epperson. Todo (ocurrir) (3) _____ cuando el niño (dejar) (4) _____ sus utensilios para hacer soda fuera durante una fría noche de invierno. Los palos para mezclar la soda (congelarse) (5) _____ junto a la misma y así (crearse) (6) _____ el primer *helado palito*. Casi 20 años después Epperson (patentar) (7) _____ su invento.

7. El corrector líquido

Antiguamente, cuando al escribir a máquina (cometer) (1) _____ un error, (haber) (2) _____ que arrancar la página y empezar desde cero. En los años cincuenta, una mecanógrafa (fijarse) (3) _____ un día en unos trabajadores que (pintar) (4) _____ una pared y (observar) (5) _____ que, cuando (haber) (6) _____ imperfecciones, simplemente (añadir) (7) _____ otra capa de pintura encima. Al ver esto se le (ocurrir) (8) _____ la idea que (necesitar) (9) _____ y entonces (patentar) (10) _____ el corrector líquido opaco.

Adaptado de http://www.ojocientifico.com

8. Según los textos que has leído anteriormente, escribe una oración condicional como la del ejemplo.

Si el pastor etíope no se hubiera dado cuenta de que su rebaño actuaba de manera extraña después de comer bayas, *no se las habría llevado* a un cocinero del pueblo y *no se habría descubierto el café.*

1. Las galletas con pepitas de chocolate

_____

2. Los fuegos artificiales

_____

3. Las patatas fritas

_____

4. El horno microondas

_____

5. El helado de agua

_____

Tema 6. ¿Trabajar para vivir o vivir para trabajar?

El subjuntivo: expresar obligación y necesidad

1. a. Aquí tienes una serie de deberes y obligaciones de los trabajadores de la empresa Tecnograf. Completa el texto con el verbo en la forma adecuada.

Deberes y obligaciones de los trabajadores

1. Es imprescindible que los trabajadores (llegar) .... puntuales a la empresa.

2. A todos los becarios se les asignará un mentor y es importante que (ponerse) .... en contacto con él lo antes posible.

3. Es obligación de todos los trabajadores (ejecutar) .... el trabajo con la eficiencia, el cuidado y el esmero apropiados y en la forma, el tiempo y el lugar convenidos.

4. Es necesario que todos los empleados (observar) .... buenos hábitos durante el trabajo.

5. No se requiere a los trabajadores que (someterse) .... a ningún reconocimiento médico.

6. Se necesita que todo el equipo (guardar) .... los secretos técnicos, comerciales o de fabricación de los productos en cuya elaboración concurran directa o indirectamente.

7. Hace falta que todos los nuevos empleados (proporcionar) .... un número de cuenta bancaria válido para el ingreso de su nómina.

8. En caso de ausencia injustificada del trabajo, basta con que el empleado (notificar) .... su situación con un día de antelación para no incurrir en sanciones disciplinares.

9. Ningún trabajador tiene que (usar) .... los útiles y herramientas suministrados por el patrón para objeto distinto de aquel a que están destinados.

10. Es obligatorio que todos los trabajadores (dejar) .... constancia de la hora de entrada y salida del trabajo.

b. La empresa Tecnograf ha cambiado de gestión y los deberes y obligaciones de los trabajadores ya no siguen vigentes. Reescribe el texto del ejercicio 1. a. en el pasado para reflejar este cambio.

1. ....

2. ....

3. ....

4. ....

5. ....

6. ....

7. ....

8. ....

9. ....

10. ....

Las perífrasis verbales: expresar obligación y comienzo de una acción

2. Sustituye la perífrasis verbal marcada por el significado adecuado.

1. *Debemos tratar* el tema de la promoción de Sergio. Creo que, después de tantos años como asistente de dirección, se merece tener ya otro cargo de mayor responsabilidad.

    a. Tenemos que considerar la posibilidad de ascender a Sergio.

    b. Lo más adecuado es ascender a Sergio.

    c. Es mejor ascender a Sergio cuanto antes.

2. La entrevista para ese puesto fue muy difícil y Míriam no estaba lo suficientemente preparada. En cuanto salió de aquel sitio, *rompió a gritar* para desahogarse.

    a. Míriam no podía ni gritar.

    b. Míriam comenzó a gritar.

    c. Míriam solo quería gritar.

3. ¿Han despedido a María? ¡Vaya! *Debería haber leído* el correo electrónico que me mandó el otro día y podría haberla animado.

    a. Me recomendaron no leer su correo electrónico.

    b. Era obligatorio leer su correo electrónico.

    c. Tendría que haber leído el correo electrónico.

4. Esta mañana he salido tarde de casa y, cuando he visto el autobús en la parada, *he echado a correr* para llegar a tiempo, pero ha sido imposible, así que he llegado tarde al trabajo.

    a. He comenzado a correr.

    b. He intentado correr.

    c. He estado corriendo.

5. Aunque no me hayan llamado para ninguna entrevista, no quiero *ponerme a llorar* y pensar que no lo voy a conseguir. Tengo una buena formación y experiencia.

    a. No quiero llorar y llorar.

    b. No quiero dejar de llorar.

    c. No quiero echarme a llorar.

6. Si Irene no se pone las pilas en el trabajo, *habrá que darle* un aviso porque hay mucha gente a la que le encantaría estar en su lugar.

    a. Deberíamos avisarla.

    b. Necesitamos decirle a Irene que es su último día.

    c. Irene no volverá al trabajo, después del aviso.

7. ¿Sabes algo de la promoción? Hace un rato he visto a Carlos salir del despacho y *echarse a reír*. Sinceramente, espero que no sea él el nuevo jefe, porque no infunde confianza.

   a. Carlos no deja de reírse.

   b. Carlos se ha puesto a reír.

   c. Carlos debería reírse.

8. Os informo de que *hemos de terminar* la reunión porque la sala está reservada a partir de las nueve. Podéis tomaros un descanso en la cafetería antes de volver al trabajo.

   a. Estamos obligados a terminar la reunión.

   b. Es aconsejable terminar la reunión.

   c. Es importante terminar la reunión.

9. Estoy esperando mi turno para la entrevista desde hace una hora. Si se retrasan otros diez minutos más, *tendré que marcharme* porque solo me he pedido libre media jornada.

   a. Me marcharé poco después.

   b. Intentaré marcharme.

   c. Me veré obligada a marcharme.

10. Vaya, la presentación del proyecto es al aire libre, y *está para llover*. Fíjate en esas nubes. Si esto sigue así, habrá que cambiar de planes.

   a. Va a llover durante la presentación.

   b. Llueve y habrá que hacer la presentación otro día.

   c. Está a punto de llover.

3. Completa el siguiente texto sobre los *cool hunter* con la perífrasis verbal adecuada.

   • haber que contratar • deber fichar • haber de depender • tener que incorporar • tener que ser olvidado
   • deber ser • deber ubicarse • tener que ganar • deber realizar • haber de evolucionar • tener que ofrecerse

¿Qué es un *cool hunter 2.0* y para qué es necesario?

Gestor de comunidades, buscador de tendencias, medidores de tráfico, expertos en *marketing digital*... El número de los nuevos perfiles profesionales que las empresas (1) .... a sus distintos departamentos para abordar su acelerada digitalización lleva aumentando ya unos años. Muchos se suelen denominar en inglés (*cool hunter, trafficker, community manager*), pero lo más complicado para sus empleadores no es pronunciar el nombre, sino definir cuestiones tan básicas como cuáles (2) .... exactamente sus funciones, en qué departamento (3) ...., de quién (4) .... orgánicamente y hasta cuánto (5) ....

Las pequeñas y medianas empresas valoran ahora la incorporación de nuevos perfiles digitales que las grandes compañías (6) ...., ya que podrían alcanzarse grandes mejoras. A menudo se plantean dudas relacionadas no solo con el tipo de profesionales que (7) ...., sino también con el tipo de contrato que ofrecerles (definido, indefinido, temporal) e incluso con los servicios que (8) ....

Según los expertos, la cuestión de fondo es que las compañías están empezando a reorientar su propio perfil empresarial y difícilmente pueden saber qué perfiles laborales necesitan si no los tienen definidos previamente. Las pymes a menudo no saben si (9) .... a alguien o subcontratar el servicio.

Rosalía Rodríguez Ortega, directora asociada de Carreras Profesionales de IE Business School, explica que «la demanda de estos perfiles se ha disparado en los últimos años y seguirá creciendo debido a que las nuevas tecnologías (10) .... más y más».

En cuanto a los perfiles que en este momento son más demandados, la directora adjunta de esta escuela de negocios considera que «hoy en día el del asistente de *marketing* (11) _____ mientras que la demanda de todos aquellos relacionados con los medios sociales, pero centrados específicamente en el universo *on-line*, sería conveniente que creciera. Hablamos de gestores, estrategas, analistas, expertos en desarrollo de negocio en relaciones públicas, etc».

Adaptado de http://sociedad.elpais.com

Uso de las preposiciones

4. **¿Trabajar para vivir o vivir para trabajar? Completa el siguiente texto con la preposición adecuada. No olvides añadir el artículo si es necesario.**

(1) _____ España existe un nutrido grupo (2) _____ adictos al trabajo. Los expertos calculan que ronda el 10 % (3) _____ la población trabajadora. El *workaholism* es un concepto que emerge (4) _____ la sociedad estadounidense (5) _____ la década (6) _____ los setenta y surge (7) _____ la unión (8) _____ dos términos: *work* (trabajo) y *alcoholism* (alcoholismo). No tiene nada que ver (9) _____ emborracharse en la oficina.

La enfermedad, una suerte (10) _____ patología social, consiste (11) _____ desear trabajar compulsivamente (12) _____ todas horas, cuantas más mejor, y (13) _____ todas partes. Suele ser una persona que le dedica (14) _____ su trabajo más tiempo (15) _____ lo que le exige la situación, que encuentra más aliciente (16) _____ su centro laboral que (17) _____ su propia vida privada y que anda continuamente enganchado (18) _____ teléfono móvil.

Si tus características son las siguientes, es que realmente vives (19) _____ trabajar te llevas trabajo _____ casa (20) _____ salir (21) _____ la oficina; no te olvidas (22) _____ las preocupaciones laborales (23) _____ entrar (24) _____ casa; experimentas cansancio e irritabilidad si no se trabaja durante los fines (25) _____ semana; eres competitivo (26) _____ cualquier actividad, incluso cuando practicas deportes (27) _____ familia, eres impaciente y miras (28) _____ mucha frecuencia el reloj.

(29) _____ la actualidad hay muchas personas (30) _____ las que el trabajo no es ya un simple medio (31) _____ ganarse la vida sino un medio (32) _____ expresión personal, un afán (33) _____ lograr dinero, posición social, prestigio, éxito, etc.

Algunos investigadores (34) _____ la materia han encontrado manifestaciones positivas (35) _____ esta adicción. (36) _____ ejemplo, la satisfacción (37) _____ el estilo (38) _____ vida elegido, la hipermotivación laboral y un aumento considerable (39) _____ la competitividad. La cuestión es saber _____ quién benefician estas virtudes. (40) _____ el empresario, el adicto (41) _____ trabajo puede ser el empleado modelo, ya que trabaja más que nadie, ofrece un verdadero ejemplo (42) _____ lo que es esforzarse (43) _____ la empresa (44) _____ los compañeros (45) _____ la oficina y, encima, se siente cómodo (46) _____ su terreno (47) _____ dominio.

5. **El texto que sigue es continuación del anterior. Léelo y elige entre *que/de que*.**

El hecho *que/de que* esta anomalía se dé más entre los jóvenes que entre los mayores hace que se esté renunciando a tener hijos.

Se ha comprobado *que/de que* los adictos al trabajo son propensos a la hipertensión, a las enfermedades coronarias, a las úlceras y a las jaquecas. Además, resulta *que/de que* son gente concienzuda y perfeccionista.

Se ha visto también *que/de que* trabajan 17 horas al día y les parece *que/de que* es normal. Lo cierto es *que/de que* el *workaholism* es una adicción relativamente moderna, tanto como Internet, las drogas de diseño, la televisión digital o la comida rápida, etc. Pablo Lafargue, en su libro *El derecho a la pereza*, opinaba *que/de que* el gran error del movimiento obrero había sido reivindicar trabajo y aconsejaba cambiar las tornas y apuntar las proclamas hacia una pereza de justicia social. En definitiva, ¿no sería mejor trabajar para vivir?

http://www.elmundo.es

6. Sustituye los verbos con preposición en cursiva por un significado equivalente.

• tumbarse • atacar • frecuentar • terminar • encontrar • confiar • intentar • relacionarse
• reunirse • interesarse • asumir • empezar • considerar • ser considerado/a • ayudar

1. La crisis económica *ha acabado con* (.....................) la paciencia de muchos ciudadanos que han visto cómo sus puestos de trabajo han desaparecido.

2. Es cierto que Miguel *anda con* (.....................) los principales directivos de su trabajo a todas horas, pero me sigue pareciendo una persona en la que poder confiar.

3. *Contamos con* (.....................) que pronto se producirá un importante cambio beneficioso para la empresa. Todo parece indicar que trasladan al jefe actual a otro departamento.

4. La Asociación de Trabajadores por los Sueldos Justos *correrá con* (.....................) todos los gastos que se ocasionen en la campaña publicitaria para darse a conocer entre la gente.

5. Al final, la empresa *dio con* (.....................) la clave para poder seguir adelante a través de una deslocalización, lo que llevaría a muchos trabajadores a la calle y a otros a cambiar de país si quieren seguir con su trabajo.

6. Ahora el hijo de Manuela *se ha metido a* (.....................) sindicalista, y eso que no quería oír ni hablar de la política.

7. Tu madre podría perfectamente *pasar por* (.....................) actriz porque es guapísima y tiene muchas dotes para la interpretación.

8. Han realizado una encuesta donde *han preguntado por* (.....................) el país que tenía el índice más elevado de horas laborales y la respuesta mayoritaria ha sido China.

9. Actualmente, los abuelos son los que *tiran de* (.....................) la familia con su pensión cuando ven que sus hijos se han quedado en el paro y se hace imposible llegar a fin de mes.

10. ¿Que van a ir las cosas mejor? ¿Me has *tomado por* (.....................) tonto? No se están haciendo las cosas bien y yo ya no soy ni mileurista.

11. Algunos políticos deberían dejar de *meterse con* (.....................) todos los servicios públicos porque están destruyendo miles de puestos de trabajo.

12. Rara vez los jefes *tratan con* (.....................) los empleados y debería fomentarse más este contacto ya que es una manera de crear buen ambiente en el trabajo.

13. Esta mañana el inspector *ha quedado con* (.....................) el director del instituto para ver cuántas plazas de profesores pueden quedar vacantes para el próximo curso.

14. Miles de ciudadanos sin empleo *se tendieron en* (.....................) el suelo del Congreso para manifestar con este gesto la repulsa que sienten ante la altísima tasa de paro del país.

15. El sindicato *trató de* (.....................) explicar en vano al Gobierno que la reforma laboral que pretende aplicar solo iba a destruir empleo, no a crearlo.

Tema 7. La literatura también está en la calle

Los verbos de cambio

1. Las siguientes frases están relacionadas con la literatura. Únelas y complétalas con el verbo de cambio adecuado.

• ponerse • convertirse en • quedarse • volverse • hacerse • llegar a ser

1. «El mundo se está quedando sin genios:
2. «Libros, caminos y días,
3. «Uno no .... escritor por lo que escribe,
4. «Para .... en todo un escritor
5. «Nunca releo mis libros,
6. «Un buen escritor expresa grandes cosas con pequeñas palabras;
7. «Un libro, como un viaje, se comienza con inquietud
8. «Por grandes y profundos que son los conocimientos de un hombre,
9. «Escribo novelas para
10. «Un libro debe construirse como un reloj y

a. porque .... aterrorizado de ver lo que he escrito». *Gabriel García Márquez*
b. pero .... un mal escritor si dice cosas insignificantes con palabras grandiosas». *Ernesto Sábato*
c. siempre se encuentra alguna enseñanza que .... más crítico al ser humano». *Mariano José de Larra*
d. .... más consciente de mi propia vida». *Arturo Pérez Reverte*
e. sino por lo que lee». *Jorge Luis Borges*
f. Beethoven .... sordo, Cervantes se murió y a mí me duele la cabeza». *Grafiti callejero*
g. es necesario dar testimonio del tiempo que le ha tocado vivir». *Camilo José Cela*
h. hacen que el hombre .... más sabio». *Proverbio árabe*
i. .... todo un éxito, vendiéndose como un salchichón». *Oliverio Girondo*
j. pero uno .... melancólico cuando lo termina». *José Vasconcelos*

2. Si quieres conocer las claves para llegar a ser un donjuán, lee el siguiente texto y escoge el verbo de cambio adecuado.

Cómo llegar a ser un donjuán y no morir en el intento

La clave para hacer honor a este personaje de la literatura y (1) *convertirte en/ponerse* la envidia de todos tus amigos es perseverar con confianza en tu objetivo a pesar de los obstáculos con los que te puedas tropezar.

Estas barreras pueden ser que la chica que quieres conquistar (2) *se quede/se vuelva* alguien difícil con la que hablar; (3) *se ponga/se haga* nerviosa con tu presencia o (4) *se convierta en/se ponga* como un tomate cuando intentes un acercamiento. Todo esto no es nada negativo para tu objetivo, al contrario, tienes que pensar que es una buena señal que a corto o medio plazo (5) *se convertirá/se quedará* en algo positivo.

Ahora bien, cuando hablamos de perseverar con confianza, más que nada hablamos de mujeres que no te conocen, que acabas de conocer o con quienes no has pasado un tiempo significativo. No hablamos aquí de mujeres que has conocido y por las que has tenido un amor platónico durante años y que (6) *se han puesto/han llegado a ser* importantes para ti o por las que (7) *te has vuelto/has quedado* loco. Pero no (8) *te quedes/hagas* triste ahora por estas últimas palabras y sigue leyendo este artículo.

Existen básicamente dos maneras para lidiar con la situación en la que tú estás interesado en la chica, pero ella no lo está por ti. Por un lado, puedes rendirte, pasar página y (9) *ponerte/quedarte* amargado por esta situación, pero esa solo sería una estrategia entre los hombres que comienzan a aprender el «juego» y es lo que muchos aprenden mientras (10) *se hacen/se ponen* mayores y comienzan a darse cuenta de que (11) *se han vuelto/se han quedado* dormidos persiguiendo a una mujer que no estaba interesada en ellos.

Por otro lado, puedes perseguir a la chica que te gusta, (12) *quedándote/volviéndote* fuerte, carismático, confiado, como hace todo donjuán que jamás se enfada cuando una mujer no le devuelve las llamadas o cancela una cita; o no (13) *se pone/se queda* celoso si la chica coquetea con otro hombre, no llega a la cita o aparece tarde. Un donjuán no tiene miedo al rechazo ni a hacer el ridículo porque (14) *se ha quedado/se ha hecho* fuerte poco a poco, tiene una autoestima altísima y siempre está persiguiendo a varias mujeres a la vez. Por lo tanto, si quieres (15) *quedarte/llegar a ser* un donjuán, solo tienes que seguir al pie de la letra estas indicaciones.

Adaptado de http://www.cherada.com

Las oraciones de relativo

3. Completa estas definiciones del escritor Ramón Gómez de la Serna con el pronombre o adverbio relativo adecuados.

1. Los ceros son los huevos _____ salieron las demás cifras.

   a. de los que **b.** con los que **c.** a los que

2. Astrónomo es un señor _____ se duerme mirando las estrellas.

   a. el que **b.** que **c.** cuyo

3. La prisa es _____ nos lleva a la muerte.

   a. la cual **b.** como **c.** la que

4. La jirafa es una grúa _____ come hierba.

   a. que **b.** donde **c.** la que

5. Venecia es el sitio _____ navegan los violines.

   a. en el que **b.** con el que **c.** del cual

6. Genio es _____ vive de nada y no se muere.

   a. el cual **b.** que **c.** el que

7. El esqueleto es un ventanal _____ le han roto todos los cristales.

   a. como **b.** al que **c.** a quien

8. El arco iris es la cinta _____ se pone la naturaleza después de haberse lavado la cabeza.

   a. que **b.** cuya **c.** la que

9. Monólogo significa el mono _____ habla solo.

   a. el que **b.** lo cual **c.** que

10. El cepillo es un ciempiés que se escapa siempre del sitio _____ debía estar.

   a. donde **b.** como **c.** el cual

4. Lee estas descripciones de algunos inventos típicamente españoles y elige la opción correcta. Luego, relaciona cada una con el invento adecuado. Hay tres que no necesitas.

• el abanico • el porrón • la pandereta • las aceitunas
• la escoba • las castañuelas • la lotería • la fregona • la máquina tragaperras

a. Es un instrumento, *cuyo/que* origen es fenicio, *que/el que* se ha desarrollado en España y posteriormente en Latinoamérica, *con el que/para el que* se puede producir sonido. Se usa en bailes y composiciones musicales *en los que/por los que* haya una fuerte tradición folclórica. Son dos, una en cada mano, llamadas *macho* y *hembra*.

Invento: ....

b. Manuel Jalón Corominas inventó este artículo de limpieza para fabricar *lo que/la cual* se llamó *bayeta-escoba*. Este objeto llevaba un cubo *donde/que* se pone agua y *por el que/en el que* se mete este objeto para limpiar el suelo y evitar hacerlo así de rodillas.

Invento: ....

c. Es un aperitivo *quien/que* se toma normalmente cuando vas de tapas, *con el que/en el que* puedes disfrutar acompañado de un buen vino o cerveza. Es de color verde y de forma redonda. Fue un industrial del mundo textil *quien/que* decidió en 1926 idear un instrumento capaz de hacer un agujero a este fruto para poder rellenarlo.

Invento: ....

d. Es un recipiente originario de Cataluña *con el cual/en el cual* puedes beber vino. Tiene dos brazos cónicos, uno más ancho por *donde/por lo cual* se introduce el líquido.

Invento: ....

e. Es un objeto *al que/con el que* puedes aliviar la sensación de calor, *cuyo/que* origen está en China y Japón. En España, su mayor producción se encuentra en Valencia *donde/en el que* se crean los mejores con variados motivos artísticos. Antiguamente con él se creó todo un lenguaje de seducción.

Invento: ....

f. Se la conoce como *el gordo* más grande del mundo. Carlos III la organizó para recaudar fondos estatales en 1763. Los españoles se gastan unos treinta millones de euros al año en juegos de azar, *con los que/de los que* un tercio es en este juego. La de Navidad y la de El Niño (el 6 de enero) son *las que/las cuales* ofrecen premios más jugosos.

Invento: ....

(Adaptado de Made in Spain. 101 iconos del diseño español, *Juli Capella)*

5. Completa estas curiosas anécdotas para formar oraciones de relativo con el tiempo y modo adecuados.

1. Camilo José Cela, que (recibir) .... el Premio Nobel de Literatura en 1989, dijo que le había sorprendido ganar este premio porque se esperaba el de Física.

2. El dramaturgo Jacinto Benavente tenía una enorme biblioteca y, entre tantos libros, esperaba encontrar a un escritor que en el pasado (leer) .... tanto como él.

3. Cuando el rey Alfonso XIII le otorgó al escritor Miguel de Unamuno la Gran Cruz de Alfonso X el Sabio, el escritor comentó: «Me honra, majestad, recibir esta cruz que (merecerse, yo) ....».

4. El poeta y cronista Emilio Carrere siempre llegaba tarde a su trabajo, hasta que un día su jefe lo llamó a su despacho para decirle que todavía no sabían a quién, pero que buscaban a alguien que no (presentarse) .... todos los días al día siguiente.

5. El poeta Ramón de Campoamor recibió una invitación para asistir a una fiesta en casa del entonces presidente del Gobierno español. Como no podía asistir, le envió una nota de disculpa que finalizaba de la siguiente manera: «Recuerdos a don Antonio, a quines (envidiar) .... el talento, otros la casa y todos la mujer».

Adaptado de http://blogs.20minutos.es

Los verbos con preposición

6. Completa estas frases con el verbo y la preposición adecuados.

Verbos:

- experimentar
- sustituir
- volver
- participar
- probarse
- inspirarse
- pertenecer
- optar
- dedicarse
- obligarse

Preposiciones:

- a (x6)
- por
- en (x2)
- con

1. José Ángel Mañas .... (el) universo Kronen muchos años después de aquella arrolladora ópera prima.

2. A menudo este escritor .... amordazar al veinteañero que aún lleva dentro.

3. El realismo urbano no me parece que sea una cosa novísima, pero si hay que .... una etiqueta, no es de las más inadecuadas.

4. La novela es un espacio en el que el novelista puede .... sus personajes.

5. Ese éxito me ha permitido .... la escritura profesionalmente.

6. Tenía que .... mí mismo que era capaz de publicar una novela de más de setecientas páginas.

7. ¿Cuál es el nombre del grupo de escritores contemporáneos que .... un conocido producto alimentario?

8. ¿Podría .... el libro electrónico .... (el) de papel?

9. ¿.......... alguna tribu urbana?

10. El cruce de libros me parece una idea genial para intercambiar libros. La primera vez que .... este nuevo sistema de préstamo fue en un parque.

Tema 8. Curarse en salud

Usos del indicativo/subjuntivo: dar consejos

1. Comer bien es uno de los hábitos más saludables que hay. Completa los siguientes consejos con el tiempo y modo adecuados.

1. Si llegaras a estar bajo de hierro, te recomendaría que (tomar) .... un puñado de pistachos al día, ya que tienen la ventaja de no aportar ni un gramo de colesterol.

2. Te sugeriría que (espolvorear) .... una cucharadita de semillas de lino en los yogures porque está demostrado que ayudan a prevenir el cáncer de mama.

3. Es recomendable que (incluir) .... en tu botiquín melisa si tienes estrés y te salen herpes labiales. Esta planta funciona como un antiséptico natural.

4. Si tuvieras mucha tos, lo más aconsejable sería que (preparar) .... una sopa de cebolla con una base de caldo de pollo y la (complementar) .... con una rebanada de pan con queso gruyère fundido.

5. ¿Sufres insomnio? Yo en tu lugar (tomar) .... un plátano como postre en la cena porque esta fruta concentra buenas dosis de vitamina B6 y magnesio que ayudan a combatirlo.

6. Si tienes un dolor de oídos horrible, te recomendaría que (diluir) .... unas gotas de la esencia de árbol de té en media taza de aceite de oliva caliente, (humedecer) .... un algodón en la mezcla y lo (poner) .... en el oído afectado.

7. Una buena idea es que (incluir) .... en tu dieta una onza de chocolate negro al día, ya que además de ser un antioxidante eficaz, contiene sustancias antienvejecimiento.

8. Si lo que quieres es tonificar tu piel, te (aconsejar) .... tomar nísperos. Esta fruta aromática (combatir) .... los estragos que el estrés o la contaminación (dejar) .... en el cutis.

9. Sería recomendable que no (olvidarse) .... de poner puerros en tus comidas dado que evitan la retención de líquidos, ayudan a combatir el estreñimiento y contribuyen a cuidar los bronquios.

10. (Tener) .... que cuidar tu corazón. Para ello, te (aconsejar) .... que (comer) .... un puñado de almendras al día. Sus grasas buenas bajan el colesterol malo y suben el bueno.

11. El caqui es una fruta ideal para el invierno, por lo que te propondría que la (utilizar) .... en tus comidas para prevenir las gripes y resfriados propios de la época de frío.

12. Si eres propenso a sufrir orzuelos, sería aconsejable que (hacer) .... una infusión de tomillo y que después (mojar) .... una gasa en la tisana y (limpiar) .... bien el párpado.

13. ¿Notas que no ves bien? Si es este el caso, te recomendaría que (completar) .... tu lista de la compra con hortalizas de color naranja (zanahorias, calabaza, boniato, etc.) y que (comprar) .... papayas, mandarinas, naranjas y orejones.

14. ¿Eres hipertenso? Si quieres mantener la tensión a raya, una buena idea es que (cocinar) .... las habas frescas al vapor y que las (condimentar) .... con menta y ajo, ya que aportan sodio y potasio.

15. Si no haces bien la digestión, sería aconsejable que (tener) _____ en cuenta la calabaza, (ser) _____ garantía de una digestión tranquila y de un tránsito intestinal más regular.

Adaptado de las revistas Pronto *y* Saber Vivir

Las oraciones temporales: expresar relaciones temporales entre acciones

2. ¿Sabes cómo cocinar bien la pasta? Transforma estas frases con el conector temporal que te damos. Haz los cambios necesarios.

1. Antes de que comiences a cocer la pasta, comprueba que estás utilizando una cacerola que no sea demasiado pequeña, si no se puede pegar y apelmazar.

Cuando…

2. Para preparar la pasta, debemos tener a mano el escurridor y así quitarle el agua sobrante y que no se nos pase. Además, hay que cocerla en agua abundante, mínimo un litro por cada 100 gramos de pasta.

Siempre que…

3. Mientras pones el agua en la cacerola, añade la cantidad de sal equivalente a dos cucharillas de postre.

Al mismo tiempo que…

4. Si ya has puesto la sal, añade al agua unas gotas de aceite, así ayudaremos a evitar que la pasta se pegue.

Después de que…

5. Conforme el agua comience a hervir, puedes aderezarla con caldo, laurel, granos de pimienta y otras especias. Esta es una buena opción para pastas que se vayan a servir en blanco, es decir, sin salsa ni sofrito alguno.

Una vez que…

6. Para evitar que la pasta se nos pegue, es importantísimo que el agua esté hirviendo a fuego fuerte antes de añadirla.

Antes de…

7. Después de echar la pasta, bajaremos un poco el fuego sin llegar a interrumpir la cocción.

Tan pronto como…

8. En el momento en que tengamos cocida la pasta al punto deseado, colocaremos el escurridor en una pila y volcaremos todo el contenido de la cacerola en este durante un mínimo de dos minutos.

En cuanto…

9. Ahora que está la pasta en el escurridor, agítala un par de veces y, para que no se rompa, sácala con ayuda de una espumadera.

Mientras…

10. Si sabes que ese día no puedes comer la pasta recién cocida, intenta prepararla para otro día, si no se perderá su almidón que es el encargado de hacer que se agarre bien la salsa en la pasta.

… hasta que…

11. Si vas a guardar la pasta cocida para usarla más tarde, necesitarás enfriarla, para esto te recomiendo que lo hagas bajo el chorro de agua fría inmediatamente después de escurrirla para cortar la cocción y evitar que se pase.

Antes de que…

Adaptado de http://tengolareceta.com

Valores del pronombre *se*

3. El pronombre *se* tiene distintos usos. Relaciona las siguientes frases con cada uno de ellos.

SE	USO
1. Siempre *se* lava las manos antes y después de comer.	**a.** Impersonal (no se conoce el sujeto. Siempre en 3.ª persona del singular). ☐
2. • ¿Le has comprado a Juan lo que pidió? • Sí, ya *se* lo he comprado.	**b.** Pasiva refleja (verbo en 3.ª persona del singular o plural + sustantivo). ☐
3. *Se* dice que las arepas son un plato habitual en las islas Canarias debido a la emigración venezolana.	**c.** Complemento indirecto. ☐
4. En el programa de la chef argentina Narda Lepes, *se* cocinan los alimentos y *se* almuerzan después.	**d.** Reflexivo o recíproco (él mismo). ☐
5. *Se* ha quedado en casa porque le dolía el estómago.	**e.** Involuntariedad o acción no controlada. ☐
6. *Se* me ha quemado la pasta porque no he estado atento a la cocción.	**f.** Verbos que cambian de significado cuando llevan *se*. ☐

4. Sustituye las partes marcadas por el pronombre adecuado y reescribe la frase.

1. Miguel le regaló *a su madre una caja de bombones* por su cumpleaños.

----

2. El famoso cocinero Karlos Arguiñano preparó *un bacalao al pil pil para los espectadores de su programa*.

----

3. Maribel le ha dado *calabazas a Manolo* por enésima vez.

----

4. ¿Le has preparado *la merienda al niño*? Son las cinco y seguro que ya tiene hambre.

----

5. Si hubieras añadido *una ramita de canela a las natillas*, habrías conseguido que tuvieran mejor sabor.

----

6. El mes pasado tuvo una caída y, cuando le vieron los médicos, le diagnosticaron *un traumatismo craneoencefálico a su abuelo* y toda la familia está muy preocupada.

----

7. Llevó *los resultados del análisis de sangre a su médico de cabecera* para que le dijera si todo estaba bien.

---

8. ¡No te olvides de darle *el jarabe a María* para esa tos tan seca! *Dale dos cucharadas* antes y después de cada comida.

---

9. Necesito urgentemente consultarle *al especialista estos dolores* que tengo en el estómago.

---

10. El médico le dio *un buen pronóstico a su paciente* y le dijo que enseguida *le* daría *el alta médica*.

---

5. **Elige el verbo adecuado y completa las frases en el tiempo y modo adecuados.**

- acordar
- acordarse de

1. ¿........................ poner sal en el agua? Porque siempre se te olvida.
2. La Asociación de Cocineros en Nicaragua .... el otro día mantener reuniones una vez al mes para compartir sus recetas.

- dormir
- dormirse

3. Como el médico tardaba tanto, ... en la consulta.
4. .... diez horas y se siente mejor que nunca.

- encontrar
- encontrarse

5. María .... con su médico en una fiesta. ¡Qué casualidad!
6. Al final (yo) .... las pastillas después de buscarlas durante toda la mañana.

- fijar
- fijarse

7. El Ministerio de Sanidad .... ayer los precios de los medicamentos que ya no va a pagar la Seguridad Social.
8. ...., ¿no la ves diferente? Yo creo que ha seguido alguna dieta.

- ir
- irse

9. Mañana .... al especialista para que me revise un lunar que me ha salido en el brazo.
10. En cuanto termine con esta terapia, ... a una playa para descansar.

- limitar
- limitarse a

11. Usted debe .... las indicaciones médicas que están en el informe.
12. .... usted el consumo de grasas saturadas en su dieta habitual.

- llamar
- llamarse

13. La dieta en la hay que recordar qué alimentos son proteínas o hidratos de carbono .... «dieta disociada».
14. ¡Juan, ... a urgencias. Tengo unos dolores terribles y no puedo ni moverme!

- negar
- negarse a

15. El médico .... haber cometido una negligencia en la operación.
16. Me gustaría que no .... tomar la medicación que te ha recetado el médico.

- parecer
- parecerse a

17. (A nosotros) .... importante dedicar más dinero a la investigación y la ciencia.
18. Ahora mismo, con todas las espinacas que has comido, ... Popeye.

- volver
- volverse

19. ...., agache la cabeza un poco y le haremos la radiografía del otro lado.
20. .... a tener los mismos síntomas y al final tuvieron que ingresarlo.

6. Indica si el uso del pronombre de complemento directo o indirecto es correcto o no. Da la solución adecuada.

1. *La* gusta comer un filete de carne al menos una vez a la semana.

---

2. Al cocinero español Ferrán Adrià *lo* ofrecieron abrir una cadena de restaurantes en EE.UU.

---

3. El pollo es mejor cocinar*le* con especias, ya que de esta manera adquiere mejor sabor.

---

4. Laura Rodríguez Dulanto fue la primera mujer en Perú a quien *le* dieron el título de médico.

---

5. *La* dijo que físicamente era muy bella, pero que desconocía lo que era la belleza interior.

---

6. Los alimentos transgénicos debes comer*les* con cuidado. No en todas las etiquetas se especifica si se han modificado genéticamente.

---

7. Al pollo agréga*le* un toquecito de jengibre y al puré de papa, una hojita de albahaca.

---

8. Para que se te dé bien la repostería tienes que tener alma de pastelera, yo no *la* tengo.

---

9. Como experta en nutrición, me interesa que la gente cocine y que *lo* haga con lo que está fresco, barato y rico.

---

10. Para conservar la pasta hervida sin que se apelmace ni se reseque, te recomiendo que *la* escurras completamente y que *la* añadas un chorro de aceite.

---

11. Yo como *lo* que quiero durante el año, pero en enero, para cuidarme, siempre sigo una dieta a base de alcachofas durante una semana.

---

12. El deporte es un elemento esencial en mi vida. Además de gustarme, creo que es necesario. Por muchas dietas que hagas, si no *le* haces, nunca estarás bien del todo.

---

13. Cuando me duele algo o estoy resfriado, prefiero no tomarme medicamentos, ya que si me *los* tomo, me perjudican el estómago.

---

14. Avise al farmacéutico antes de tomar este jarabe si está tomando otro medicamento porque puede ayudar*lo* a la hora de cambiar las dosis recomendadas.

---

15. Para seguir la dieta Dukan debe saber que existe una lista de alimentos permitidos, pero no de cantidades. Las personas que deciden hacer*la* comen hasta la saciedad, los riesgos para la salud son limitados y la masa muscular se refuerza.

---

7. Completa el siguiente texto sobre los alimentos transgénicos con los tiempos y modos adecuados.

El etiquetado de los alimentos transgénicos

Tras 20 años de incidencia para que el *Codex Alimentarius* (emitir) (1) _____ la norma de etiquetar los alimentos genéticamente modificados, esta (hacerse) (2) _____ realidad en Ginebra el pasado 5 de julio. Más de cien países presentes en esta reunión (acordar) (3) _____ la fiscalización del etiquetado de los alimentos modificados genéticamente. El logro del acuerdo (ser) (4) _____ posible gracias a que Estados Unidos (retirar) (5) _____ su oposición a que este tipo de alimentos (ser) (6) _____ etiquetados, mientras que otros países, principalmente de Europa, lo (asumir) (7) _____ en sus legislaciones nacionales.

El acuerdo (implicar) (8) _____ que cualquier país que (desear) (9) _____ adoptar el etiquetado de los «alimentos genéticamente modificados» ya no (confrontar) (10) _____ las amenazas legales de la Organización Mundial del Comercio, debido a que las medidas nacionales basadas en las normas *Codex* no (poder) (11) _____ ser impugnadas como obstáculos al comercio. El acuerdo (reconocer) (12) _____ los beneficios para la salud de los consumidores por la información transparente sobre la presencia de algún tipo de organismo genéticamente modificado incluido en los alimentos que se (ofertar) (13) _____ al consumidor en el mercado, según declaraciones del norteamericano doctor Michael Hansen, científico principal de Consumers Union de Estados Unidos.

En adelante, el *Codex* (elaborar) (14) _____ una guía sobre el compromiso adquirido, la cual (servir) (15) _____ a los consumidores para manejar la información sobre este tipo de alimentos.

La conclusión de los delegados del *Codex* (producirse) (16) _____ como una iniciativa para determinar si los alimentos provistos desde este tipo de tecnología (ser) (17) _____ o no inocuos para la salud. En los últimos veinte años, el movimiento de consumidores encabezado por Consumers International (proclamar) (18) _____ que esos alimentos no (superar) (19) _____ el análisis de riesgos para la salud, lo que (implicar) (20) _____ la aplicación del principio de precaución en el consumo de los mismos.

La incertidumbre creada ante la aparición de los transgénicos en la alimentación (provocar) (21) _____ la intervención de muchos gobiernos sobre la siembra de estas semillas y su posterior consumo. En Perú, el Congreso (aprobar) (22) _____ recientemente una moratoria de veinte años con miras a impedir que las semillas genéticamente modificadas (ser) (23) _____ sembradas en su territorio como una forma de proteger su biodiversidad, ya que los transgénicos (poder) (24) _____ contaminarla y hacer que (desaparecer) (25) _____ los patrones genéticos de la riqueza alimentaria de esa nación.

Numerosas conferencias, congresos, paneles y otros eventos sobre la conveniencia de estos alimentos (celebrarse) (26) _____ en todo el mundo, debido a que (ser) (27) _____ un aporte de la ingeniería genética, donde (transferirse) (28) _____ un tercer gen para hacer más resistente a las plagas, pero los adversarios (alegar) (29) _____ que, como los genes (ser) (30) _____ mutantes, (poder) (31) _____ aparecer una superplaga. El hecho de que, a partir de ahora, (ser) (32) _____ etiquetados al menos (permitir) (33) _____ a los consumidores ejercer el derecho a saber qué (comer) (34) _____ y si son dañinos o no para aquellos que (decidirse) (35) _____ por su consumo.

Adaptado de http://www.hoy.com.do/negocios

Tema 9. Tanto tienes, tanto vales

Las preposiciones *por*/*para*

1. Las preposiciones *por* y *para* tienen distintos usos. Relaciona las siguientes frases con cada uno de ellos.

1. La prima de riesgo ha vuelto a subir por la pérdida de credibilidad financiera. ☐

2. Ha cambiado sus acciones por dinero. ☐

3. Los beneficios de la empresa fueron repartidos por el director entre todos los empleados. ☐

4. Por mí, que no se pida el rescate económico. No creo que consigamos salvar la situación. ☐

5. El ministro de Economía dijo por televisión que se iba a suavizar la ley de los desahucios. ☐

6. Todavía está por hacer una buena reforma laboral. ☐

7. Tres veces por semana se reúnen los consejeros para comprobar cómo va la empresa. ☐

8. Una cuenta corriente sirve para tener el dinero; realizar transferencias, domiciliar pagos, etc. ☐

9. Para ser un banco pequeño, tiene muchos clientes. ☐

10. Para todos los trabajadores, la huelga es un derecho que se puede y debe ejercer. ☐

11. Emigró para otro país, ya que en el suyo no tenía posibilidades de trabajar. ☐

12. Para las 17 h, ya habrá terminado la reunión de los principales economistas del mundo. ☐

13. He abierto una cuenta en una entidad que practica la banca ética para saber siempre qué hacen con mis ahorros. ☐

14. Para el presidente del Gobierno las medidas económicas y sociales que ha tomado son las correctas. ☐

15. Para la cantidad de impuestos que paga un ciudadano hoy en día, algunos servicios deberían ser mejores. ☐

Usos de *por* y *para*

a. Vía, medio, canal
b. Indiferencia. Implicación personal
c. Razón o causa
d. Pendiente, sin hacer
e. Periodicidad
f. A cambio de, en lugar de
g. Complemento agente de la voz pasiva
h. Valor concesivo (*aunque*)
i. Opinión
j. Finalidad
k. Tiempo específico/Límite temporal en el futuro
l. Destino, movimiento

2. Completa las siguientes frases con *por* o *para*.

1. Forman parte del mercado aquellas personas naturales que _____ sus condiciones económicas no han logrado disponer de una vivienda propia en una comunidad digna.

2. En el año 2000, _____ ejemplo, lo prioritario continuaban siendo las captaciones de clientes, divididas en ahorro de vivienda e inversiones en general.

3. En el futuro se prevé hacer algo _____ promocionar el ahorro sin propósito.

4. Las características básicas de todos los tipos de crédito _____ la microempresa son: fácil acceso, rapidez en el trámite, etc.

5. ¿Qué opinas de la iniciativa puesta en marcha _____ el Consejo de Ministros?

6. ¿Qué otras alternativas se te ocurren _____ el *control económico*?

7. Hay que reducir los gastos _____ la escasez de medios.

8. Esta empresa fue abriendo su mercado a la telefonía móvil, a la televisión _____ cable y a Internet.

9. El Club Imaginarium se creó con la intención de establecer un canal directo de comunicación con los clientes _____ conseguir una mayor fidelización.

10. Los productos son revisados _____ expertos infantiles que otorgan los Sellos Imaginarium.

11. Decidieron colaborar con Unicef _____ financiar programas de ayuda.

12. El secreto de una buena economía es saber ahorrar _____ si vienen malos momentos.

13. ¿Crees que las entidades financieras cobran demasiadas comisiones _____ las operaciones que realizan los usuarios?

14. La economista Hilda Gadea se hizo famosa en un principio _____ haber sido la esposa del Che Guevara.

15. ¿Se debería homogeneizar la edad de la jubilación _____ que fuera la misma en todos los países?

3. Algunos verbos rigen la preposición *por* o *para*. Completa las siguientes frases con la preposición adecuada.

1. El nicho de mercado está constituido _____ más del 60 % de la población.

2. Miles de personas protestaron ante el Congreso _____ la estafa que se había producido con su dinero.

3. Estoy preocupada _____ la subida de los impuestos, este año el IVA ha subido nada más y nada menos que un 10%.

4. La gente se ha indignado _____ la nueva malversación de fondos que se ha producido con dinero público.

5. La microeconomía sirve _____ estudiar los fenómenos económicos desde el punto de vista de las unidades elementales como las empresas, los compradores o las familias.

6. El director daba ya _____ perdida su empresa, cuando recibió inversiones extranjeras que le ayudaron a sacarla de nuevo adelante.

7. Ha comprado _____ Internet varias acciones que ha vendido después _____ un mayor precio.

8. Antes de la crisis económica, la gente no se interesaba tanto _____ la economía, pero desde que esto ha sucedido se nota que hasta han aumentado las ventas de libros sobre este tema.

9. Es normal que la situación financiera de un país atraviese _____ ciclos de mayor o menor auge económico.

10. Va _____ varios meses que la prima de riesgo no deja de subir, pero si se reduce el déficit, seguramente bajará.

Uso de las preposiciones

4. Completa el siguiente texto con las preposiciones que faltan. En algunos casos tendrás que añadir los artículos.

Curiosidades sobre McDonald's

1. **Sirve** _____ **1 %** _____ **la población mundial cada día.**
Más _____ 68 millones _____ personas comen cada día _____ los restaurantes McDonald's, lo que supone aproximadamente el 1 % _____ la población mundial.

2. **Vende 75 hamburguesas** _____ **segundo.**
_____ su inauguración _____ 1940, McDonald's ha vendido más _____ 100 000 millones _____ hamburguesas _____ el mundo. _____ la actualidad, la compañía calcula que cada segundo se venden 75 Big Mac, McChicken o cualquiera _____ las otras hamburguesas _____ su menú.

3. **Equivale** _____ **una** _____ **las mayores economías** _____ **planeta.**
_____ unos ingresos anuales _____ 27 000 millones _____ dólares, si McDonald's fuera un país se situaría _____ el puesto 91 _____ las naciones _____ su PIB (Producto Interior Bruto), _____ delante _____ Camerún, Bolivia o Letonia, _____ otros.

4. **McDonald's hace un millón** _____ **contratos** _____ **año** _____ **EE. UU.**
La mayoría _____ estos contratos son temporales. _____ hecho, uno _____ cada ocho estadounidenses ha trabajado _____ la empresa _____ algún momento _____ su vida. El diccionario _____ Oxford incorporó _____ 1986 el término Mc-job _____ referirse _____ un trabajo poco cualificado _____ bajo salario. Personajes famosos como la actriz Sharon Stone o la cantante Pink iniciaron su carrera profesional sirviendo hamburguesas _____ uno _____ sus restaurantes.

5. **Su logotipo es más reconocido que los símbolos** _____ **las principales religiones.**
_____ una encuesta realizada _____ la compañía _____ investigación _____ mercados Sponsorship Research International, el 88 % _____ los ciudadanos _____ planeta es capaz _____ identificar la famosa «M» dorada _____ la compañía _____ comida rápida. _____ el contrario, únicamente el 54 % es capaz _____ reconocer los símbolos que representan _____ las principales religiones.

6. **EE. UU., mayor consumidor mundial** _____ **hamburguesas.**
Los estadounidenses comen una media _____ 500 000 toneladas _____ carne _____ McDonald's _____ año, lo equivalente _____ 5.5 millones _____ cabezas _____ ganado. Los únicos restaurantes _____ la cadena que no ofrecen carne _____ vacuno están _____ la India, ya que la vaca es allí un animal sagrado.

7. **Un restaurante nuevo** _____ **cualquier parte** _____ **mundo cada cuatro horas.**
La compañía está presente _____ 119 países y cuenta _____ 33 000 restaurantes _____ todo el mundo. La Antártida es el único lugar _____ el que todavía no hay un restaurante McDonald's. _____ todo EE. UU. solo hay una ciudad alejada _____ más _____ 150 km _____ un McDonald's; está _____ Dakota _____ Sur.

Adaptado de http://es.finance.yahoo.com

Las oraciones causales y finales

5. Descubre por qué y para qué la gente decide escoger una banca ética. Lee el texto y elige el conector adecuado.

¿Por y para qué una banca ética?

¿Por qué cada vez más gente opta por una banca ética? ¿Cuál es su finalidad y en qué se diferencia de las tradicionales? Cerrar la cuenta de ahorros en un banco tradicional (1) *para/por* pasar el dinero a la banca ética es uno de los pocos placeres y mayores venganzas que el ciudadano de a pie, (2) *debido a/considerando que* los abusos del gran capital. (3) *En vista de que/A causa de* muchos particulares observan la codicia de los bancos con resignación, se ha decidido crear la banca ética.

Lo que empezó siendo una actividad marginal y arriesgada (4) *para/por* quienes confiaban en ella ha adquirido ya suficiente solidez (5) *para/por* confiar los ahorros a estas entidades, (6) *de manera que/puesto que* no sea un acto de valentía. En España son varias las entidades bancarias de este tipo que operan cada vez con mayor número de clientes y mayor solvencia. Fiare, Caixa Colonya o Triodos Bank son solo algunas de las más conocidas. (7) *Porque/Como* su actuación se basa en el respeto a las personas, el medio ambiente, la igualdad y los derechos humanos, eluden las operaciones especulativas y se ciñen solo a la economía real (compras y ventas) (8) *porque/ para que* su fiabilidad sea alta: como no especulan con el dinero, no lo ponen en riesgo.

No siempre los intereses que obtiene el cliente son comparables con los de la banca tradicional, pero al menos quienes confían en estas entidades financieras saben que su dinero no sirve (9) *para que/ya que* el monstruo financiero engrose la lista de desahuciados, en su mayoría personas humildes. Ese mismo monstruo que usa el dinero de sus clientes (10) *por/para* invertir en guerras o (11) *por/para* enriquecerse a costa de desgracias ajenas. Un ejemplo: cuando se montó la campaña de donativos para los afectados (12) *gracias al/a causa del* huracán Mitch en Centroamérica se descubrió que algunos bancos y cajas se habían quedado con millones de euros en concepto de comisión, como si se tratara de un negocio más. Ejemplos como este muestran que los bancos son capaces de hacer un uso ilícito del dinero que puede afectar tanto a las grandes empresas como a los pequeños inversores. Este tipo de actuaciones sería motivo suficiente (13) *para que/con la finalidad de* se boicoteara a las entidades que actuaran de esta manera.

Los bancos tradicionales son los principales responsables de la crisis actual que recorta gastos en los diferentes sectores sociales. Durante años, los bancos han engatusado a la gente (14) *para que/no porque no* se endeudara hasta las cejas y ahora culpan a esas personas por haber confiado en ellos. Imposible mayor cinismo. Si no fuera porque estas entidades –junto con las agencias de calificación y otras truculentas compañías– han alcanzado tanto poder que pueden tumbar gobiernos y hundir países enteros, las autoridades deberían ordenar la inmediata detención y traslado a la cárcel de un gran número de estos «respetables financieros», (15) *ya que/a fin de que* con su actuación están desestabilizando la democracia y arruinando a millones de personas. No es concebible tanta impunidad para los autores de semejante calamidad pública.

Cajas y bancos se sustentan sobre las aportaciones de todos y cada uno de sus clientes. Nosotros, los ciudadanos de a pie, somos la gasolina que usan (16) *para/por* sus incendios. No hace falta ser una gran empresa de elevado movimiento económico (17) *como/porque* cada pequeña libreta de ahorro cuenta.

Por ello, la mejor reacción de las víctimas de esta situación es actuar contra quienes les ahogan, socavando la maquinaria desde su base. Hay otra banca, de rostro más humano, en la que no solo cuenta el beneficio a cualquier precio. Vale la pena el intento, (18) *ya que/a fin de que* es como enviar un corte de mangas a nuestro enemigo.

Adaptado de http://www.eldiariodeibiza.es

6. Completa el texto en pasado con el tiempo y modo adecuados para conocer los motivos de los españoles para no querer jubilarse después de los 65 años.

¿Trabajar después de los 65 años?

Los españoles (ser) (1) _____ los europeos que (estar) (2) _____ menos dispuestos a trabajar una vez cumplida la edad de la jubilación, los 65 años, al tiempo que (confiar) (3) _____, en mayor o menor medida, en que la pensión pública (ser) (4) _____ una de sus principales fuentes de financiación cuando (finalizar) (5) _____ su vida laboral.

Esta (ser) (6) _____ una de las principales conclusiones del estudio *Generaciones* que (analizar) (7) _____ las opiniones de dos grandes grupos de población: los jóvenes de 18 a 34 años y los mayores de 55.

Gran parte de los adultos que (acercarse) (8) _____ a la jubilación en España todavía no (pensar) (9) _____ qué (necesitar) (10) _____ para tener un buen nivel de vida en su retiro, aunque el 42 % de ellos (creer) (11) _____ que le (hacer) (12) _____ falta el 100 % de sus ingresos para vivir «cómodamente» tras su jubilación.

En cuanto a los jóvenes de menos de 34 años, este porcentaje (descender) (13) _____ a casi el 20 %, ya que (14) (centrar) _____ su atención en sus perspectivas de hacer carrera profesional y a sus posibilidades de encontrar trabajo, algo que (15) (preocupar) _____ a casi el 60 % de los encuestados, el mayor porcentaje de Europa.

El 53 % de los jóvenes (dar) (16) _____ prioridad al ahorro a corto plazo, para pagar un coche o unas vacaciones y a los gastos del momento, antes que a planificar su seguridad a largo plazo, lo que no (impedir) (17) _____ que el 61 % de ellos (temer) (18) _____ no ser capaces de ahorrar suficiente dinero para sobrevivir durante su jubilación.

El 55 % de los jóvenes (creer) (19) _____ que la principal financiación para su jubilación (venir) (20) _____ de una pensión pública y el 37 % (prever) (21) _____ que (contar) (22) _____ con planes de pensiones privados.

Esta actitud (contrastar) (23) _____ con la de los miembros del grupo de más de 55 años, donde la mayor parte (24) (confiar) _____ en la pensión pública para financiar su jubilación, seguida de los planes de pensiones privados.

Por otro lado, el estudio (concluir) (25) _____ que los españoles más próximos a la jubilación no (estar) (26) _____ usando sus últimos años en activo para ahorrar más de cara a su futuro.

Los autores del estudio (recomendar) (27) _____, a la vista de todos estos datos, facilitar la adquisición de productos de ahorro complementario, mediante la «revisión» de los incentivos fiscales de pensiones y «comprobando la eficacia de los planes existentes».

Asimismo, entre otras iniciativas, (aconsejar) (28) _____ fijar un objetivo europeo de ahorro en pensiones que (variar) (29) _____ en función del país y (calcularse) (30) _____ como porcentaje del PIB.

Adaptado de http://www.intereconomia.com

Tema 10. El que ríe el último...

Las oraciones consecutivas

1. Completa este decálogo de la risa con el tiempo y modo adecuados según el conector consecutivo.

Decálogo de la risa

1. Ríete mucho y

2. Atención, tampoco te deberías reír demasiado de todo y a cada instante,

3. Ríete de las propias dificultades de la vida,

4. Nadie es perfecto, ni tú tampoco,

5. Si te ríes de tus bromas antes de terminar de contarlas, no tendrá ninguna gracia,

6. Los niños siempre se ríen con total naturalidad,

7. Hay que saber elegir los momentos en los que uno debe reírse,

8. Si te ríes de manera escandalosa, puedes causar mala impresión,

9. ¡La risa no cuesta dinero!

10. Haz reír a la gente de tu alrededor

a. así que no (reírse) _____ de los defectos ajenos.

b. de ahí que su risa (constituir) _____ un buen modelo para poder imitar.

c. conque (esperar) _____ a hacerlo cuando acabes el chiste.

d. Por eso no (prescindir) _____ de ella y deja que (contribuir) _____ a alegrar tu vida.

e. por lo tanto es conveniente que (valorar) _____ bien las situaciones antes de gastar bromas.

f. pues ello te pondría en ridículo ante los demás, por consiguiente es recomendable que siempre (ser) _____ comedido cuando te rías.

g. por lo que resulta imprescindible que lo (tener) _____ en cuenta cuando te eches a reír.

h. en consecuencia (mejorar) _____ tu salud.

i. y con ello (conseguir) _____ compartir tu felicidad con los demás.

j. de tal manera que (mostrar) _____ que estás por encima de ellas.

Adaptado de http://mercaba.org/

Las oraciones consecutivas y comparativas

2. Completa los siguientes textos con el conector consecutivo y comparativo adecuado.

- tanta... que • así como • más... que (x3) • tanto... como (x2)
- tales... que • tan... que • tanto... que

1. La serie de televisión cómica mexicana *El Chavo del 8* tuvo _____ audiencia _____ en 1975 fue vista por más de 350 millones de televidentes cada semana. Su protagonista, el *Chavo*, hacía _____ travesuras _____ ocasionaba muchos malentendidos y discusiones entre los vecinos del barrio donde vivía.

2. *Aída* es una serie de televisión española que ha tenido _____ éxito _____ ha recibido varios premios. La serie narra la vida de una familia de un barrio de Madrid para la que trabaja Aída, quien limpia _____ casas _____ un bar que se llama *Casi-Ke-no*.

3. Andreu Buenafuente es un humorista, presentador y productor español. Ha trabajado _____ en radio _____ en televisión. Es conocido sobre todo por sus monólogos.

4. Sin duda, el superhéroe de ficción más conocido en México es el Chapulín Colorado. En esta serie de televisión siempre se presenta al personaje como: «................... ágil .... una tortuga; .... fuerte .... un ratón; .... noble .... una lechuga. Su escudo es un corazón. Es ¡el Chapulín Colorado!».

5. Miguel Gila fue un humorista español que expresaba su humor mediante diálogos figurados (monólogos) al teléfono, en los que alternaba .... el costumbrismo ingenuo .... el surrealismo. En sus monólogos, era .... políticamente correcto .... nunca utilizaba palabras malsonantes o polémicas.

El estilo directo e indirecto

3. Transforma en estilo indirecto las siguientes frases infantiles célebres.

1. El padre de Eva le preguntó: «¿Tienes ganas de que empiece el colegio?». La niña le respondió: «No». «¿Y por qué?»- insistió su padre. Y Eva le dijo: «Porque nos ponen deberes y luego ni nos pagan ni nada».

----

2. Manuel hizo una sopa para que cenara su hijo y le dijo: «Cómetela, que está muy rica». El niño tomó dos cucharadas y le contestó: «Papi, tú y yo tenemos gustos distintos».

----

3. Un día Juana intentaba ponerse sola las zapatillas y le preguntó a su madre: «¿Esta en qué pie va?». Su madre le contestó: «En este». Y la niña dijo: «Vale. ¡La otra no me lo digas!».

----

4. Javier le preguntó a su madre: «Mamá, ¿las vacas están en peligro de extinción?». «No, claro que no» –dijo su madre. Y Javier respondió: «Menos mal, con lo rica que está la leche».

----

5. María está en el cementerio con su madre poniendo flores en la tumba de su abuelo. De repente, le dice: «Pero ¿en qué quedamos? ¿El abuelito está aquí dentro o en el cielo?».

----

6. Paula fue con su madre a la peluquería y la peluquera le preguntó: «¿Cuándo cumplirás los cuatro años?».
La niña respondió muy seria: «Pues cuando se me acaben los tres».

----

7. La madre de Óscar se enfadó con él y le gritó: «¡Estoy harta de que siempre te enfades por todo!». Él
respondió tranquilamente: «Yo soy así porque nací ya enfadado».

----

8. En un momento de ternura el padre de Luis le dijo: «Hijo mío, no crezcas nunca». El niño contestó:
«Papá, yo no tengo la culpa: es la comida».

----

9. Pepe no quería hacer los deberes y su madre le ordenó: «Pepe, haz ya los deberes o te castigo». Y Pepe le
dijo: «Pero, mamá, si luego te sientes fatal».

----

10. Luisa estaba viendo en la televisión el anuncio de un juguete y, de repente, se quedó mirando fijamente el
televisor y exclamó: «¡Tele, dame uno!»

----

4. Transforma en estilo directo las siguientes frases célebres de niños.

1. Nuria le preguntó a su padre qué era Hacienda y él respondió que era la que se ocupaba de tomar el dinero de la gente. Nuria dijo que entonces era como una ONG que no ayudaba a los pobres.

----

2. Ramón le dijo a su madre que tenía que ayudarle a buscar una hormiga para matarla. Su madre le preguntó que por qué quería matar a una hormiga y él le dijo que era porque el cura había dicho que esa mañana tenían que hacer un pequeño sacrificio.

----

3. Blanca le pregunta a su padre que quién era Franco. El padre responde que era un dictador. Blanca dice que por qué, que si era porque hacía muchos dictados. El padre contesta que no creía que hiciera ninguno. Y Blanca dice que siempre estaría entonces castigado.

---

4. Sandra le pregunta a su madre dónde está su lápiz y ella le responde que como era tan pequeño que se le habrá perdido. Y Sandra le dice, entonces, que es ella quien se lo ha cogido, que si no, cómo sabía que era tan pequeño.

---

5. Sergio le preguntó a su abuela si le daba el reloj que llevaba siempre el abuelo. La abuela le respondió que se lo daría cuando su abuelo ya no estuviera. Sergio se fue y a los diez minutos volvió y le dijo a su abuela que se lo diera ya porque el abuelo ya no estaba y que lo había visto salir.

Adaptado de Frases célebres de niños, *Pablo Motos*

Los tiempos del pasado

5. Completa con los tiempos y modos adecuados estas curiosas noticias.

1.

> ### Roban dos vacas y les ponen botas para no dejar huellas
>
> Una banda de ladrones (colocar) (1) _____ unas botas de goma a dos vacas que (robar) (2) _____ con el fin de que la policía no (poder) (3) _____ seguir el rastro de sus huellas. Pero, para su sorpresa, (ser delatado) (4) _____ por un cerdo que (tener) (5) _____ la culpa de que no (poder) (6) _____ salirse con la suya. La banda (estar compuesta) (7) _____ por tres hombres, quienes (asaltar) (8) _____ durante la noche el establo de una vecina. Entonces, la dueña de las vacas (llamar) (9) _____ rápidamente a la policía. «Cuando (despertarse) (10) _____ por la mañana para alimentar a mis animales, estos (desaparecer) (11) _____», (afirmar) (12) _____ la víctima del robo, quien (añadir) (13) _____: «Solo (haber) (14) _____ marcas de botas fuera, pero (observar) (15) _____ detenidamente el terreno y (hallar) (16) _____ algunas huellas de cerdo». La policía (rastrear) (17) _____ las pisadas a lo largo de 30 kilómetros y (arrestar) (18) _____ a los tres delincuentes por robo. Más tarde, la dueña (explicar) (19) _____ por qué los (descubrir) (20) _____: «(Parecer) (21) _____ que no (encontrar) (22) _____ nada para ponerle en las patas al cerdo».

2.

El gato con tarjeta de crédito

Un banco australiano (reconocer) (1) _____ que (otorgar) (2) _____ por error una tarjeta de crédito a un gato cuya propietaria (querer) (3) _____ poner a prueba la fiabilidad de los sistemas de seguridad bancarios, (informar) (4) _____ este jueves la prensa local australiana. «Yo no (poder) (5) _____ creérmelo. La gente (deber) (6) _____ saber que (ser) (7) _____ posible y que los bancos (tener) (8) _____ que reforzar su seguridad», (contar) (9) _____ Katherine Campbell, propietaria de un gato pelirrojo llamado Messiah.
Campbell (hacer) (10) _____ una petición de tarjeta de crédito suplementaria para su cuenta en el banco de Queensland (norte del país) a nombre de su gato. Para su sorpresa, un sobre con la tarjeta de crédito del animal (llegar) (11) _____ a su domicilio sin que el banco (informar) (12) _____ a la titular de la cuenta de que (ser emitida) (13) _____ una segunda tarjeta, (14) (informar) _____ los medios locales. Una portavoz del banco (excusarse) (15) _____ y (decir) (16) _____: «Nosotros (iniciar) (17) _____ junto con unos abogados una investigación y (parecer) (18) _____ que el banco (cometer) (19) _____ un error. Por lo tanto, (disculparse) (20) _____ porque esto no (deber) (21) _____ haber pasado». Acto seguido, la tarjeta del felino (anular) (22) _____.

3.

Un perro policía atropella a una mujer

Una habitante del estado de Utah (EE. UU.) (resultar) (1) _____ gravemente herida al ser atropellada por un perro que aparentemente (acelerar) (2) _____ a toda velocidad el automóvil policial en el que (encontrarse) (3) _____, (informar) (4) _____ fuentes policiales el jueves. El incidente (producirse) (5) _____ el martes en Ogden, al norte del estado, cuando una oficial de la policía que (investigar) (6) _____ un caso de una pelea conyugal (dejar) (7) _____ al perro de las fuerzas del orden dentro del vehículo con el motor encendido para que con el aire acondicionado no (tener) (8) _____ calor. «El perro (lograr) (9) _____ cambiar la marcha en la caja de cambios del automóvil automático y (arrancar) (10) _____ con dirección hacia una pendiente», (explicar) (11) _____ a AFP la teniente Marcy Korgenski. El coche (terminar) (12) _____ su complicado trayecto en el jardín de la señora Mary Stone, que (encontrarse) (13) _____ fuera sacando la correspondencia de su buzón. La mujer (ser) (14) _____ atropellada y (estar) (15) _____ hospitalizada. «(Ser) (16) _____ realmente trágico que ella (resultar) (17) _____ herida», (comentar) (18) _____ Korgenski tras afirmar que el perro, uno de los tres con los que (contar) (19) _____ la policía de esta ciudad no (ser) (20) _____ castigado. «No (creer) (21) _____ que el perro (22) (entender) _____ lo que (pasar) (23) _____ realmente. Toda la responsabilidad (ser) (24) _____ mía», (apuntar) (25) _____ la oficial.

Adaptado de http://www.taringa.net

Primera edición: 2013
Primera reimpresión: 2014
Segunda reimpresión: 2016
© Edelsa Grupo Didascalia, S. A. Madrid, 2013.

Autores: J. Muñoz–Basols, E. Gironzetti, Y. Pérez.

Dirección y coordinación editorial: Departamento de Edición de Edelsa.
Diseño de cubierta: Departamento de Imagen de Edelsa.
Diseño y maquetación interior: Amelia Fernández Valledor.

Imprime: Egedsa

ISBN: 978-84-7711-797-1
Depósito legal: M-9832-2013

Impreso en España/*Printed in Spain*

Fuentes, créditos y agradecimientos:
Israel de Lago, págs. 28-29.
Ross Harper, *http://buymyface.com/gallery.php*, pág. 35.
Bárbara Gasalla: «Nadie me pregunta qué quiero aprender», *www.escritosenlacalle.com*, pág. 76.
Tono Cano: «Lo imposible solo tarda un poco más», *http://secretolivo.com*, pág. 76.
Acción poética: «Estamos a nada de serlo todo»; «Recordarte hasta ser olvido»; «No olvides que te espero, no esperes que te olvide»; «Queda mucho por sentir», págs. 76-77.
David Cancillin: «Lo mejor de mi vida eres tú», *http://portadafb.com/pintada-callejera*, pág. 77.
Thomas Canet, pág. 78.
Archivo fotográfico *www.photos.com*

Damos las gracias a la periodista Maica Rivera por compartir sus excelentes e interesantes entrevistas con nosotros, así como a los colegas de la Universidad de Oxford, en especial a Alejandra Crosta por sus comentarios y sugerencias, y de la Universidad de Alicante. A Sofía Kaba-Ferreiro por contribuir con su talento artístico en el diseño de las viñetas de la pág. 26. A Pawel Adrjan por su apoyo, excelentes ideas y comentarios, a Alberto Miras Fernández por su apoyo y su colaboración en el desarrollo y perfeccionamiento de algunas actividades, y a Marina Pérez Sinusía por sus excelentes sugerencias sobre el enfoque y los contenidos de algunas actividades.
Gracias a la editorial Edelsa: a Pilar Justo por su profesionalidad, inagotable paciencia, y pertinentes comentarios durante la realización del proyecto; a Federica Toro por confiar en nosotros desde el principio, y a Olga Morales por su generosidad, entusiasmo y calidad humana.
Gracias también a nuestros alumnos de español de la Universidad de Oxford, las E O I de la Comunidad de Madrid, la Universidad Carlos III de Madrid, la Universidad de Bristol, y la Universidad de Bath, por ser la principal fuente de inspiración para escribir este libro.
La realización de este libro se ha enmarcado en el proyecto I+D de investigación FFI2012-30941 «Innovaciones lingüísticas del humor: géneros textuales, identidad y enseñanza del español», concedido por el Ministerio de Economía y Competitividad.

Notas